Training in affectieve en interpersoonlijke Regulatievaardigheden voor meervoudig getraumatiseerde Adolescenten – Protocol

Kind en Adolescent Praktijkreeks

De *Kind en Adolescent Praktijkreeks* biedt heldere en gefundeerde informatie over psychische stoornissen en behandelmethoden bij kinderen en adolescenten. De reeks is bedoeld voor psychologen, orthopedagogen, psychiaters en andere hulpverleners. In iedere uitgave komt een behandelmethode aan de orde. Waar dit relevant is, wordt deze behandeling specifiek per sessie beschreven, zodat er sprake is van een protocol. De reeks bestaat voornamelijk uit basisboeken voor de hulpverlener, waarin de theorie en methodiek helder en toegankelijk beschreven worden. Daarnaast verschijnen bij een aantal onderwerpen ook aantrekkelijke werkboeken voor jeugdigen en/of ouders.

Deze *Training in affectieve en interpersoonlijke Regulatievaardigheden voor meervoudig Getraumatiseerde Adolescenten – Protocol* is bestemd voor psychologen, orthopedagogen, psychiaters en andere hulpverleners in de Jeugdzorg en GGZ.

Het boek is rechtstreeks te bestellen via de webwinkel van uitgeverij Bohn Stafleu van Loghum: www.bsl.nl of via de boekhandel.

Training in affectieve en interpersoonlijke Regulatievaardigheden voor meervoudig getraumatiseerde Adolescenten – Protocol

TRAP

Redactie:

Kristel Bijen

Rik Knipschild

Harmien Koopmans

Els Kors

Karien Kroeze

Doenja van Leeuwaarden

Omar Gudino

Marylene Cloitre

Houten 2018

© 2018 Bohn Stafleu van Loghum, onderdeel van Springer Media
Alle rechten voorbehouden. Niets uit deze uitgave mag worden verveelvoudigd, opgeslagen in een geautomatiseerd gegevensbestand, of openbaar gemaakt, in enige vorm of op enige wijze, hetzij elektronisch, mechanisch, door fotokopieën of opnamen, hetzij op enige andere manier, zonder voorafgaande schriftelijke toestemming van de uitgever.
Voor zover het maken van kopieën uit deze uitgave is toegestaan op grond van artikel 16b Auteurswet jo het Besluit van 20 juni 1974, Stb. 351, zoals gewijzigd bij het Besluit van 23 augustus 1985, Stb. 471 en artikel 17 Auteurswet, dient men de daarvoor wettelijk verschuldigde vergoedingen te voldoen aan de Stichting Reprorecht (Postbus 3060, 2130 KB Hoofddorp). Voor het overnemen van (een) gedeelte(n) uit deze uitgave in bloemlezingen, readers en andere compilatiewerken (artikel 16 Auteurswet) dient men zich tot de uitgever te wenden.
Samensteller(s) en uitgever zijn zich volledig bewust van hun taak een betrouwbare uitgave te verzorgen. Niettemin kunnen zij geen aansprakelijkheid aanvaarden voor drukfouten en andere onjuistheden die eventueel in deze uitgave voorkomen.

ISBN 978-90-368-1931-2
NUR 777

Ontwerp omslag en binnenwerk: Studio Bassa, Culemborg
Automatische opmaak: Pre Press Media Groep, Zeist
Illustraties: Marcel Jurriëns

Statement

Het TRAP-behandelprotocol is een Nederlandse vertaling en bewerking van: Skills Training in Affective and Interpersonal Regulation for Adolescents (STAIR-A) – revised version (Cloitre, Farina, Davis, Levitt, & Gudino, 2014). Met toestemming van de auteurs is het protocol vertaald en bewerkt voor de Nederlandstalige context. De redactie is door de oorspronkelijke auteurs getraind in het indiceren en uitvoeren van het behandelprotocol.

De bij deze training behorende werkbladen zijn te downloaden op http://extras.springer.com. Vul op deze website in het zoekveld *Search ISBN* het ISBN van het boek in: 978-90-368-1931-2.
Let op: het is belangrijk om precies deze schrijfwijze aan te houden, dus met de tussenstreepjes.

Bohn Stafleu van Loghum
Walmolen 1
Postbus 246
3990 GA Houten

www.bsl.nl

Voorwoord

Across the entire lifespan, a disproportionate number of traumatic events occurs during the first two decades of life. Children and adolescents experience more physical assault, sexual assault, accidents, exposure to disaster and all almost all other traumas compared to adults. Moreover, adolescence is a particular 'window of risk' as well as 'window of opportunity' in regards to the impact of these events. Trauma in childhood and adolescence leads to a cascade of negative outcomes during the teen years from which recovery is difficult. This includes poor academic performance, school dropout, substance abuse, delinquency and criminal behaviors, sexually risky behaviors, unplanned pregnancy, chronic health problems, self-injurious behaviors and suicide. For this reason, psychosocial intervention to address the impact of trauma is critical. Adolescence is also a time of change in social and peer group relationships as well as a reworking in self-identify. For those who are sufficiently lucky, and we hope all adolescents are sufficiently lucky, it is also a time to imagine a future for themselves. STAIR was developed to provide adolescents with some of the critical resources needed to recover from the impact of trauma and to support positive next steps in their development. The skills learned in STAIR are intended to support good relationships with peers, enhance a positive self-identify and increase confidence. We also hope that these skills support young people in the important tasks of respecting their history and preparing for a future. Towards this end, we are very pleased to be partnering with our Dutch colleagues in this translation of the STAIR program.

Sincerely,
Marylene Cloitre, PhD
Omar Guidino, PhD
July 31, 2017

Woord vooraf

Voor u ligt het handboek van de *Training in affectieve en interpersoonlijke Regulatievaardigheden voor meervoudig getraumatiseerde Adolescenten*: het TRAP-behandelprotocol. Het behandelprotocol is geschreven voor adolescenten die klachten ondervinden ten gevolge van meervoudige en interpersoonlijke traumatisering. TRAP is een vertaling en bewerking van de 'Skills Training in Affective and Interpersonal Regulation for Adolescents (STAIR-A) – revised version' (Cloitre, Farina, Davis, Levitt, & Gudino, 2014). Het TRAP-protocol is in 2015 vertaald en gedurende 2016 en 2017 doorontwikkeld en aangepast voor de Nederlandse context.
Onze dank gaat uit naar Marylene Cloitre, Omar Gudino en Susan Trachtenberg-Paula voor hun toestemming om het behandelprotocol te vertalen, hun begeleiding bij de implementatie en hun bereidwilligheid om een vijfentwintigtal therapeuten in Nederland te trainen. De Karakter Academie en de Raad van Bestuur van Karakter Kinder- en jeugdpsychiatrie willen wij bedanken voor het toekennen van de Kennisbeurs. Met de middelen uit de Kennisbeurs is het mogelijk geweest om TRAP te implementeren, door te ontwikkelen en onderzoek naar de effectiviteit te verrichten. Helen Klip, Shireen van Rosmalen en Liesbeth Wasterval willen we bedanken voor hun betrokkenheid en begeleiding bij de implementatie van TRAP in het kader van onderzoek waarmee we beogen meer zicht te krijgen op de effectiviteit van de behandeling bij ernstig getraumatiseerde adolescenten.

Kristel Bijen
Rik Knipschild
Harmien Koopmans
Els Kors
Karien Kroeze
Doenja van Leeuwaarden

Inhoud

Inleiding	9
Traptrede 1: Inleiding tot de behandeling	15
Traptrede 2: Herkennen en benoemen van emoties	21
Traptrede 3: Het reguleren van emoties door zelfzorg en zelfkalmering	29
Traptrede 4: Het reguleren van emoties door cognitieve oplossingsvaardigheden	37
Traptrede 5: Omgaan met moeilijke situaties door het afwegen van voor- en nadelen	43
Traptrede 6: Het reguleren van emoties door plezierige activiteiten	51
Traptrede 7: Het reguleren van emoties door gebruik van positieve beelden	57
Traptrede 8: De relatie tussen emoties en (negatieve) zelfspraak	61
Traptrede 9: Vaardigheden voor duidelijke communicatie	67
Traptrede 10: Inleiding tot rollenspellen: Emotie versus gedrag	75
Traptrede 11: Rollenspel met aandacht voor assertiviteit	83
Traptrede 12: Evalutatie en afronding	91
Literatuur	95
Over de auteurs	97

Inleiding

De *Training in affectieve en interpersoonlijke Regulatievaardigheden voor meervoudig getraumatiseerde Adolescenten* (TRAP) is een cognitief gedragstherapeutisch protocol. De vaardigheidstraining TRAP is een vertaling en contextuele aanpassing van de Amerikaanse vaardigheidstraining *Skills Training in Affective and Interpersonal Regulation* (STAIR) – adolescenten versie (Cloitre e.a., 2014). In lijn met vaardigheidstraining STAIR-A is de vaardigheidstraining TRAP bedoeld voor jongeren van twaalf tot achttien jaar die getraumatiseerd zijn in een afhankelijkheidsrelatie.

Uit onderzoek is bekend dat ongeveer 34 op de 1000 Nederlandse kinderen slachtoffer zijn van een vorm van kindermishandeling (huiselijk geweld, lichamelijke mishandeling, emotionele verwaarlozing en/of seksueel misbruik) (Alink e.a., 2011). Uit onderzoek blijkt dat jongeren die slachtoffer zijn van mishandeling, misbruik en/of verwaarlozing, vaak ernstige problemen ontwikkelen. Dit kunnen onder meer medische klachten zijn – zoals obesitas, diabetes, hartproblemen, seksuele problemen en COPD (Dube, Felitti, Dong, Giles, & Anda, 2003) –, alsook psychische klachten – waaronder angst- en stemmingsproblemen, psychose, problemen in de persoonlijkheidsontwikkeling, een posttraumatische stressstoornis, psychosomatische klachten en ontwikkelingsstoornissen (Fergusson, McLeod, & Horwood, 2013). Meerdere studies tonen aan dat bij deze kinderen uitval op school vaker voorkomt (Porche, Fortuna, Lin, & Alegria, 2011), dat ze verslavingsgevoeliger zijn (Fergusson e.a., 2013) en dat ze regelmatig problemen ervaren in het functioneren in de maatschappij. Aangenomen wordt dat chronische stress die ontstaat door meervoudige interpersoonlijke traumatisering schadelijk is voor de ontwikkeling van kinderen (Felliti, Vincent, Anda e.a., 1998).

Vaak ontwikkelen deze jongeren een scala aan klachten, waaronder posttraumatische stressklachten zoals herbelevingen aan de traumatische gebeurtenissen en negatieve gedachten en stemming. Naast de veelvoorkomende posttraumatische stressklachten laten deze jongeren vaker problemen zien in de emotieregulatie, op het interpersoonlijke vlak en op het gebied van het zelfbeeld. Deze combinatie van posttraumatische stressklachten enerzijds en regulatie- en zelfbeeldproblematiek anderzijds, wordt door sommigen ook wel complexe PTSS genoemd. De training TRAP is specifiek ontwikkeld voor jongeren die op deze domeinen klachten ondervinden.

Wat is TRAP en hoe is de training opgebouwd?

De vaardigheidstraining TRAP is een cognitief-gedragstherapeutische behandeling. De training heeft tot doel om vaardigheden op het gebied van de emotieregulatie en interpersoonlijke regulatie te vergroten en versterken. De training maakt in de regel deel uit van een bredere traumabehandeling. Zo kan TRAP voorafgaand aan traumagerichte behandeling aangeboden worden, maar kan het ook parallel hieraan lopen. Ook kunnen vaardigheden uit TRAP nog verder geoefend worden na een traumagerichte behandeling.

Het doel van de vaardigheidstraining TRAP is het vergroten en versterken van de emotieregulatie en interpersoonlijke regulatie. Door het trainen van regulatievaardigheden zijn de jongeren beter in staat, om:
1. traumagerelateerde symptomen te reguleren;
2. stress in alledaagse situaties te hanteren;
3. te bouwen aan een betekenisvol en sociaal netwerk;
4. weerstand te bieden tegen toekomstige stressvolle life-events.

De training bestaat uit twaalf gestructureerde bijeenkomsten, in het werkboek 'traptreden' genoemd. Een traptrede is een metafoor voor het idee dat de jongere elke bijeenkomst een stap zet op de trap, en daarmee wordt de voortgang in de behandeling inzichtelijk gemaakt. Een traptrede duurt 45 tot 75 minuten en kent een vaste structuur, wat de voorspelbaarheid en veiligheid voor de jongere vergroot.
In het eerste deel van de training leert de jongere meer over de gevolgen van trauma en stress, en de impact daarvan op de emotieregulatie en het interpersoonlijk functioneren. Door emoties, gedachten en gedrag te leren waarnemen en te volgen, wordt het zelfinzicht vergroot. Vervolgens leert de jongere copingvaardigheden om stress te reguleren (zoals anders leren ademhalen, voor- en nadelen afwegen, plezierige activiteiten ondernemen). Tot slot oefent de jongere door middel van rollenspelen vaardigheden ter verbetering van het interpersoonlijk functioneren en leert de jongere effectievere manieren van communiceren met ouders en leeftijdsgenoten.

Iedere sessie van de vaardigheidstraining TRAP kent een vast opbouw, namelijk:
- Invullen van vragenlijsten ten behoeve van effectmeting
- Thuiswerkopdracht nabespreken
- Psycho-educatie nieuwe vaardigheid
- Oefenen van vaardigheid
- Nieuwe thuiswerkopdracht voorbespreken
- Aanpassen veiligheidsplan

Traptreden	Interventies en doel
1. Inleiding tot de behandeling	Psycho-educatie over PTSS Uitleg over de verschillende fases van de behandeling
2. Herkennen en benoemen van emoties	Opstellen veiligheidsplan Kennis over de invloed van trauma op emoties Leren herkennen en benoemen van emoties Oefenen met aandachtig ademhalen
3. Het reguleren van emoties door zelfzorg en zelfkalmering	Introductie van de begrippen zelfzorg en zelfkalmering en het belang daarvan Vergroten van inzicht dat emoties middels oplossingsvaardigheden gereguleerd kunnen worden
4. Het reguleren van emoties door cognitieve oplossingsvaardigheden	Introductie van de cognitieve oplossingsvaardigheden 'gedachten stoppen en aandacht verleggen' en 'positieve zelfspraak' in het omgaan met nare emoties

5. Omgaan met moeilijke situaties door het afwegen van voor- en nadelen	Vergroten van motivatie voor het leren omgaan met moeilijke situaties Uitbreiden van oplossingsvaardigheden in het omgaan met emoties in moeilijke situaties door het afwegen van voor- en nadelen Oefenen met het focussen op het behalen van een (eigen) doel
6. Het reguleren van emoties door plezierige activiteiten	Uitbreiden van oplossingsvaardigheden in het omgaan met emoties door het leren toepassen van plezierige activiteiten
7. Het reguleren van emoties door gebruik van positieve beelden	Uitbreiden van oplossingsvaardigheden door te leren focussen op positieve beelden Positieve beelden gebruiken ter bevordering van positieve gevoelens
8. De relatie tussen emoties en (negatieve) zelfspraak	Uitbreiden van oplossingsvaardigheden door het leren herkennen en beïnvloeden van negatieve zelfspraak
9. Vaardigheden voor duidelijke communicatie	Uitbreiden van interpersoonlijke vaardigheden door het leren toepassen van effectieve communicatiestrategieën
10. Inleiding tot rollenspelen: emotie versus gedrag	Uitbreiden van interpersoonlijke vaardigheden en integratie van de reeds geleerde vaardigheden, door het doen van rollenspelen
11. Rollenspel met aandacht voor assertiviteit	Psycho-educatie over assertiviteit Uitbreiden van interpersoonlijke vaardigheden door te leren assertief te reageren
12. Evaluatie en afronding	Evalueren van de behandeling Eventueel voorbereiden van de jongere op de volgende behandelfase

Welke werkzame technieken worden gebruikt?

Een belangrijk onderdeel van het protocol is het geven van psycho-educatie over onder andere de gevolgen van trauma, waardoor de jongere inzicht krijgt in de klachten en de gevolgen hiervan. Naast psycho-educatie wordt er veelvuldig gebruikgemaakt van gedachterapporten, waarbij de jongere in de eerste plaats gedachten en gevoelens leert herkennen en benoemen. Een vervolgstap in het protocol is dat de jongere middels de gedachterapporten leert om gedachten uit te dagen, door onder andere bewijzen te zoeken voor de desbetreffende gedachte. Ten slotte worden gedachterapporten ingezet om de jongere te laten onderzoeken welke nieuwe oplossingsvaardigheden ingezet kunnen worden in moeilijke situaties. Nieuwe oplossingsvaardigheden worden in de sessie geoefend, onder andere middels rollenspelen, oefeningen en opdrachten. Aangeleerde vaardigheden zullen ook buiten de bijeenkomsten geoefend worden door de jongere, met als doel om de vaardigheden te generaliseren en te integreren. Thuiswerkopdrachten maken dan ook een belangrijk onderdeel uit van de training.

Het geheel van de training is erop gericht om te voorzien in psycho-educatie en het verbeteren van regulatievaardigheden, onder andere door het vergroten van copingvaardigheden. Uit een recente review blijken deze aspecten belangrijke werkingsmechanismen in een traumabehandeling (Schnyder e.a., 2015). De training is opgenomen in de internationale richtlijn voor complexe PTSS (Cloitre e.a., 2012)

Wie kan de vaardigheidstraining TRAP geven?

De training kan gegeven worden door een cognitief-gedragstherapeut, gz-psycholoog, basispsycholoog/ orthopedagoog of (kinder- en jeugd-) psychiater met affiniteit met getraumatiseerde jongeren. Bij voorkeur is de behandelaar ervaren in het werken met deze doelgroep en heeft de behandelaar voldoende kennis van cognitief-gedragstherapeutische principes en technieken. Het werkboek is bedoeld voor zowel jongere als behandelaar. Verondersteld wordt dat deze transparante manier van werken de veiligheid binnen de werkrelatie tussen de jongere en de behandelaar optimaliseert.

Voor wie is de vaardigheidstraining TRAP bedoeld?

Zoals aangegeven is de vaardigheidstraining TRAP bedoeld voor jongeren tussen de twaalf en de achttien jaar die door meervoudige en interpersoonlijke traumatisering een PTSS ontwikkeld hebben. Onderstaande beslisboom (ook te vinden op a4-formaat bij de online werkbladen) is opgesteld ter ondersteuning van de besluitvorming. Hierbij moet worden opgemerkt dat een aantal overwegingen in de beslisboom tot stand is gekomen op basis van consensus tussen clinici. Nader onderzoek moet nog verricht worden.

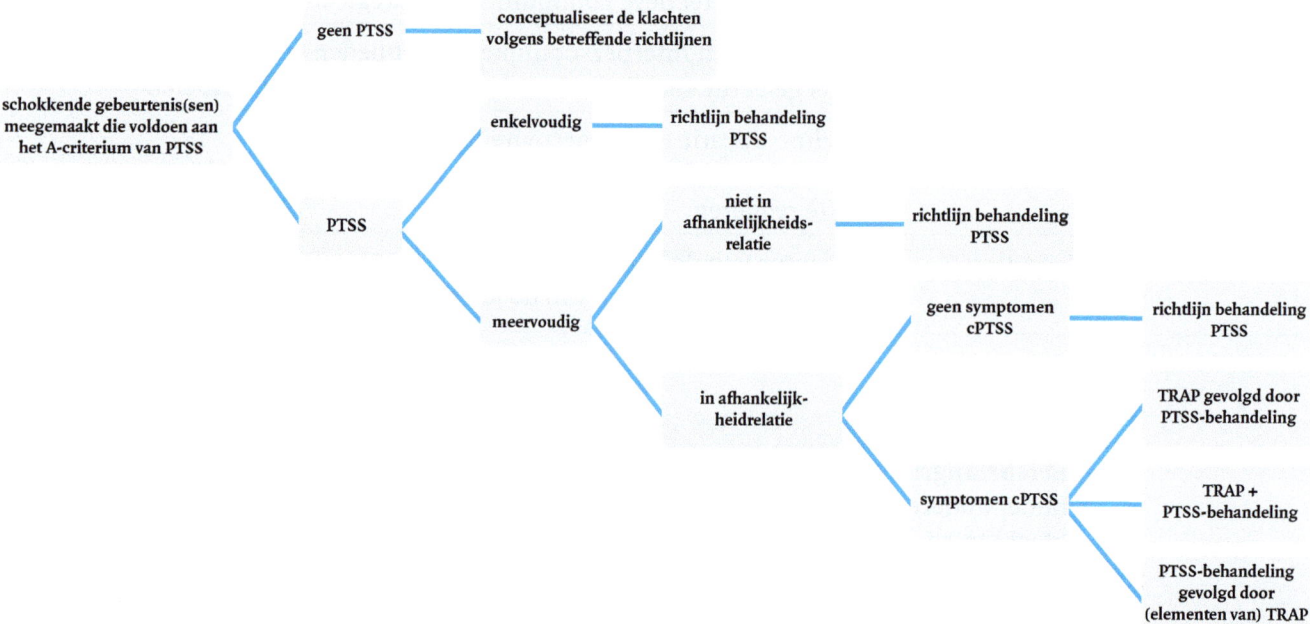

In stap 1 tot en met 5 worden de verschillende beslismomenten, zoals opgenomen in de beslisboom, nader toegelicht. Enkele elementen zijn in de beslisboom niet meegenomen, maar zijn als voorwaarden wel nodig om de training te kunnen volgen. In de eerste plaats moet de jongere veilig zijn. Dat betekent dat er geen actuele signalen zijn van mishandeling of misbruik. In de tweede plaats moet er toestemming van gezagdragers zijn om de training te mogen volgen. In de derde plaats moet er (enige) motivatie en commitment zijn bij de jongere voor de training. In de vierde plaats moet de jongere over voldoende leervermogens beschikken om te kunnen profiteren van de training. Hier is geen standaard voor ontwikkeld en de beoordeling of aan deze voorwaarden is voldaan, is dus afhankelijk van het klinisch oordeel van de behandelaar in samenspraak met de jongere en diens ouders/verzorgers. Er zijn geen verdere exclusiecriteria voor deelname aan TRAP.

Stap 1 Wel of geen posttraumatische stressstoornis (PTSS)

In de eerste plaats zal onderzocht moeten worden of er sprake is van PTSS. Er zijn screeningslijsten beschikbaar die het A-criterium van PTSS in kaart brengen, en er zijn screeningslijsten beschikbaar die eventueel daarmee samenhangende posttraumatische stressklachten in kaart brengen. Bijvoorbeeld:

- Childhood Trauma Questionnaire (**CTQ**) (Bernstein & Fink, 1998), een zelfrapportagevragenlijst die op de aanwezigheid en ernst van kindermishandeling screent;
- Children's Revised Impact of Event Scale (**CRIES-13**; Children and War Foundation, 1998; Nederlandse vertaling: Olff, 2005), een zelfrapportagevragenlijst die screent op de aanwezigheid van PTSS-symptomen.

Bij aanwijzingen voor een PTSS kan overwogen worden om de Clinician-Administered PTSD Scale for Children and Adolescents (CAPS-CA) (Nader e.a., 1996; Nederlandse vertaling: Van Meijel, Verlinden, Diehle, & Lindauer, 2013) af te nemen, welke gezien wordt als de gouden standaard voor het classificeren van PTSS. De CAPS-CA meet zowel de aanwezigheid als de ernst van symptomen van PTSS en blijkt uit diverse onderzoeken een betrouwbaar en valide instrument te zijn (Diehle, De Roos, Boer, & Lindauer, 2013).

Stap 2 Enkelvoudige of meervoudige traumatisering

De vaardigheidstraining TRAP richt zich op jongeren bij wie sprake is van een PTSS ten gevolge van meervoudige interpersoonlijke traumatisering. Zoals beschreven in box 1 kan dit vastgesteld worden met behulp van de CAPS-CA. Jongeren bij wie sprake is van PTSS door een enkelvoudige traumatische gebeurtenis komen dus in principe niet in aanmerking voor de training. Uit onderzoek blijkt dat deze jongeren effectief behandeld kunnen worden met enkele sessies Eye Movement Desensitisation and Reprocessing (EMDR), traumagerichte cognitieve gedragstherapie (TG-CGT), exposuretherapie of schrijftherapie (Diehle, Opmeer, Boer, Mannarino, & Lindauer, 2014; De Roos e.a., 2017; De Roos e.a., 2011).

Stap 3 Traumatisering binnen of buiten een afhankelijkheidsrelatie

Een volgende overweging die in de interventiekeuze mee kan spelen, is de aard van de traumatisering. Namelijk: indien de traumatisering buiten een afhankelijkheidsrelatie heeft plaatsgevonden, kan er meestal direct voor worden gekozen om de PTSS te behandelen met traumagerichte interventies zoals EMDR of exposuretherapie. Wanneer de traumatisering binnen een afhankelijkheidsrelatie heeft plaatsgevonden, kan overwogen worden om de klachten van de jongere verder in kaart te brengen.

Stap 4 Wel of geen symptomen van complexe PTSS (cPTSS)

Niet alle jongeren die slachtoffer zijn van meervoudige interpersoonlijke traumatisering ontwikkelen klachten op het gebied van emotieregulatie, interpersoonlijk functioneren en zelfbeeld, dat wil zeggen: de symptomen van complexe PTSS. Omdat de vaardigheidstraining TRAP zich specifiek op deze drie domeinen richt, is nadere diagnostiek hiernaar aanbevolen.

> **Stap 5 Volgorde van behandeling: vaardigheidstraining TRAP en behandeling voor PTSS**
>
> In deze fase van de besluitvorming is vastgesteld dat er bij de jongere sprake is van PTSS in combinatie met problemen met de emotieregulatie, op het interpersoonlijk vlak en op het gebied van het zelfbeeld. De vaardigheidstraining TRAP is ontstaan vanuit de gedachte dat vaardigheden die tijdens de training opgedaan worden een voorwaarde zijn om goed te kunnen profiteren van een reguliere PTSS-behandeling. Onderzoek naar deze veronderstelling wordt verricht. De geleerde vaardigheden kunnen echter in alle fases van een traumabehandeling geoefend worden. Hierbij worden verschillende mogelijkheden gezien voor de integratie van TRAP binnen een traumabehandeling:
> TRAP wordt aangeboden voorafgaand aan richtlijnbehandeling voor PTSS;
> TRAP en richtlijnbehandeling voor PTSS worden parallel aangeboden;
> na richtlijnbehandeling voor PTSS wordt TRAP aangeboden.

De rol van ouders/verzorgers tijdens de vaardigheidstraining TRAP

Hoewel de vaardigheidstraining TRAP zich primair richt op het vergroten van regulatievaardigheden bij de jongeren, is goede begeleiding van de ouders/verzorgers tijdens de training van groot belang. Onder andere omdat de jongere in de thuissituatie aan de slag gaat met het oefenen van vaardigheden. De vaardigheidstraining TRAP maakt in de regel deel uit van een breder behandelaanbod. Werken aan de relatie tussen ouders/verzorgers en jongere is geen onderdeel van TRAP, maar zal veelal plaatsvinden in bijvoorbeeld de systeemtherapie. Geadviseerd wordt ouders/verzorgers bij de vaardigheidstraining te betrekken door aansluitend, of ieder laatste gedeelte van de sessie (Traptrede), gezamenlijk af te sluiten door bevindingen over de sessie kort te delen en van psycho-educatie te voorzien.

Gebruik van het werkboek

In dit werkboek staan scripts die de behandelaar samen met de jongere kan doornemen. Naast de scripts worden voor de behandelaar aandachtspunten genoemd onder 'do's-and-don'ts'.
Elke traptrede bevat werkbladen voor de jongere waarbij onderscheid is gemaakt tussen werkbladen te gebruiken in de bijeenkomst (genaamd 'werkblad') en werkbladen te gebruiken tussen de bijeenkomsten (genaamd 'thuiswerkblad'). (Alle werkbladen zijn te downloaden via www.extras.springer.com. Typ daar het ISBN-nummer van het boek in: 978-90-368-1931-2.)
Zoals het geval is bij alle cognitief-gedragstherapeutische behandelingen, vormt het maken van wekelijkse thuiswerkopdrachten een integraal onderdeel van de behandeling en dient dit daarom nauwlettend te worden bijgehouden. Naast gestructureerd gebruik van dit protocol laat de opbouw tevens voldoende ruimte voor aanpassingen aan individuele klachten en vaardigheidswensen. Sommige jongeren zullen bijvoorbeeld veel moeite hebben met het herkennen van basale emoties, terwijl anderen gemakkelijker de overstap maken naar het vaststellen en veranderen van disfunctionele opvattingen.

Traptrede 1: Inleiding tot de behandeling

Benodigdheden

- ☐ vragenlijsten ten behoeve van de effectmeting
- ☐ een gespreksruimte met een tafel en voldoende zitplaatsen
- ☐ een whiteboard en stiften
- ☐ pen en papier

Rationale

- ▶ Psycho-educatie over PTSS
- ▶ Uitleg over de verschillende fases van de behandeling

Programma

1. Kennismaking/welkom
2. Invullen vragenlijsten
3. Psycho-educatie over PTSS
4. Uitleg over de opbouw en rationale van de behandeling
5. Bespreken van persoonlijke doelen
6. Thuiswerkopdracht voorbespreken

1. Kennismaking/welkom

Heet de jongere welkom, stel jezelf voor en laat de jongere zichzelf voorstellen (denk aan leeftijd, hobby's, school).

2. Invullen vragenlijsten

In het kader van het meten van de effectiviteit van de behandeling wordt aangeraden om bij het begin van iedere bijeenkomst een vragenlijst af te nemen om de voortgang van de behandeling op systematische wijze te meten en evalueren.

3. Psycho-educatie over PTSS

Do's-and-don'ts
- ▶ Zorg dat de jongere na afloop van deze bijeenkomst duidelijk heeft welke klachten gerelateerd zijn aan een onverwerkt trauma. Vermijd daarbij het gebruik van vakjargon.
- ▶ Als de jongere moeilijk tot antwoorden of voorbeelden komt, denk dan actief mee of benoem voorbeelden die je je herinnert uit een eerder gesprek, de verslaglegging of het diagnostisch interview.

> ▶ In deze fase van de behandeling hoeft de jongere nog niet in details over zijn of haar trauma's te praten.
> ▶ Leg de focus op het opbouwen van een goede behandelrelatie, zodat de jongere zich veilig kan gaan voelen.

Bespreek/lees met de jongere

Deze training is bedoeld voor jongeren met een posttraumatische stressstoornis (PTSS). Deze diagnose is ook bij jou gesteld. Weet jij al wat die diagnose inhoudt? Heb je daar al iets over gehoord of gelezen? Vertel eens ...
Ik zal je er nu iets meer over vertellen.

Mensen met een PTSS hebben een traumatische gebeurtenis meegemaakt en hebben daardoor een aantal klachten ontwikkeld.
Een traumatische gebeurtenis is een ernstige gebeurtenis, zoals een ernstig ongeluk, mishandeling, seksueel misbruik of een andere situatie waarin je ernstig gewond zou kunnen raken en/of (dacht dat je) dood zou kunnen gaan. Ook het zien van een dergelijke gebeurtenis of het horen vertellen dat een dierbare van jou zoiets is overkomen, kan leiden tot het ontstaan van klachten. Deze klachten ontstaan soms vlak na de gebeurtenis, maar soms ook pas later. Het is heel begrijpelijk dat je klachten krijgt na een heftige gebeurtenis.

Mensen met een PTSS hebben **een viertal hoofdklachten** die ontstaan zijn na de gebeurtenissen die je hebt meegemaakt. Dit zijn herbelevingen, vermijding, prikkelbaarheid, en negatieve veranderingen in je stemming en in de gedachten die je hebt over jezelf, anderen en de wereld. We zullen deze klachten nu een voor een bespreken.

Het hebben van **herbelevingen** houdt in dat je de nare gebeurtenis of delen ervan opnieuw beleeft, zonder dat je dit wilt. Dit kan in de vorm van een nachtmerrie zijn of 'flitsen' van de nare gebeurtenis uit je verleden die je overdag ziet. Soms noemen mensen dit 'flashbacks'. Herken je dit misschien? Vertel eens ...?

Een andere veelvoorkomende klacht is **vermijding**. Dit betekent dat je dingen die je doen denken aan het trauma uit de weg gaat. Dit kunnen situaties of personen zijn, maar ook gedachten of emoties. Een voorbeeld hiervan is dat je niet meer naar bepaalde plekken gaat, omdat je dan aan de nare gebeurtenis denkt. Herken jij dit? Vertel eens ...?

De derde klacht is een verhoogde **prikkelbaarheid**. Dit betekent dat je snel alert bent en gevoelig kunt reageren op dingen die er om je heen gebeuren. Je hebt bijvoorbeeld moeite met in slaap vallen of met door slapen. Of wordt snel boos of bent snel chagrijnig en geprikkeld. Sommigen kunnen zich moeilijk concentreren of schrikken heel snel. Herken jij dit? Vertel eens ...?

De laatste hoofdklacht is dat het meemaken van een of meer traumatische gebeurtenissen kan leiden tot **negatieve veranderingen in je stemming en in gedachten** die je hebt over jezelf, anderen en de wereld. Zo kan het gebeuren dat je je slechter en somberder voelt, en minder kunt genieten van dingen. Je ervaart veel minder positieve emoties dan voor de traumatische gebeurtenis(sen). Er kunnen negatieve gedachten over jezelf (bijvoorbeeld 'ik ben waardeloos'), over anderen (bijvoorbeeld 'anderen zullen me in de steek laten' of 'anderen zijn niet te vertrouwen') en over de wereld (bijvoorbeeld 'de wereld is onveilig') in je opkomen. Ook kun je jezelf de schuld geven van hetgeen jou is overkomen, terwijl dit niet zo is. Hoe is dit bij jou? Vertel eens...?

*Als je na het meemaken van een traumatische gebeurtenis alle genoemde hoofdklachten in meer of mindere mate ervaart, dan noemen we dat een **posttraumatische stressstoornis**. Ook wel **PTSS** genoemd. Dit is ook de diagnose die bij jou is gesteld.*

De jongere heeft nu uitleg gekregen over PTSS en veelvoorkomende klachten ten gevolge van traumatisering. Vul nu samen met de jongere het kopje 'Emoties' in op het werkblad 'De gevolgen van trauma en stress'. Vraag de jongere aan te geven welke voorbeelden op haar van toepassing zijn.

Bespreek/lees met de jongere
Traumatische gebeurtenissen hebben vaak ook invloed op je relaties. Het kan moeilijk zijn om een ander te vertrouwen. Ook kun je je anders voelen dan anderen en daardoor een afstand voelen tot anderen. Het komt vaak voor dat jongeren met een PTSS zich terugtrekken in plaats van om hulp te vragen. Ook kan het zijn dat je erg boos wordt op anderen, zonder dat je weet hoe je de ruzie moet oplossen. Het kan dan zijn dat je vrienden verliest. Hoe is dit voor jou, heb jij problemen met anderen? Vertel eens ...?

Vul nu samen met de jongere het kopje 'Relaties' in op het werkblad 'De gevolgen van trauma en stress'.

4. Uitleg over de opbouw en rationale van de behandeling

Bespreek/lees met de jongere
Hoe ziet de behandeling er uit?
Misschien is je na het intakegesprek al verteld hoe de behandeling eruitziet. Deze behandeling is voor jongeren die meerdere traumatische gebeurtenissen hebben meegemaakt. Net hebben we besproken wat PTSS is en dat een trauma invloed kan hebben op je emoties en relaties. Deze behandeling helpt je om beter met je emoties om te gaan en om je relaties met anderen te verbeteren.
De behandeling bestaat uit twee fases: deze training en traumaverwerking. In deze training heb je 12 afspraken met mij, je therapeut; iedere week één. Elke keer zien we elkaar 75 minuten. We beginnen altijd met het invullen van de vragenlijst(en) en het bespreken van het huiswerk dat je thuis hebt gedaan. Daarna oefenen we met vaardigheden in het omgaan met emoties en met anderen. Aan het eind krijg je nieuw huiswerk. Zo leer je de komende weken steeds meer vaardigheden.

Wat is het doel van de eerste fase van de behandeling?
Zoals besproken op het vorige werkblad kan het zijn dat het bijvoorbeeld moeilijk voor je is om te weten wat je voelt of kunnen je emoties juist heel heftig zijn. In de eerste fase is het doel van de behandeling dat je leert je gevoelens te herkennen en te benoemen. Ook leer je vaardigheden om emoties minder heftig te maken.
Het tweede doel van deze behandeling is dat je beter leert omgaan met anderen. Dit kan doordat je je emoties en gedrag beter gaat herkennen en doordat je gaat oefenen met ander gedrag. Zo zullen we gaan oefenen met een andere manier van communiceren. Dit kan ervoor zorgen dat je relaties verbeteren. In de behandeling leer je dus verschillende vaardigheden. Jij kunt ontdekken welke van die vaardigheden het best voor jou werken in verschillende situaties.

5. Bespreken van persoonlijke doelen

De jongere weet nu hoe de behandeling eruit zal zien. Vul nu samen met de jongere het werkblad 'Mijn persoonlijke doelen' in. De jongere stelt op dit werkblad persoonlijke behandeldoelen op. Moedig de jongere aan om te bedenken op welke gebieden zij problemen ervaart met emoties en relaties met anderen. Stel aan de hand van de voorbeelden die genoemd worden de persoonlijke doelen op. De doelen van de jongere kunnen concreet zijn, zoals: 'ik wil mijn goede vrienden niet meer uit de weg gaan', 'ik wil beter voor mezelf zorgen door gezond te eten en te sporten', 'ik wil mijn boosheid eerder herkennen en hier anders mee omgaan', of 'ik wil anderen weer vertrouwen'.

6. Thuiswerkopdracht voorbespreken

Geef de jongere de opdracht om een korte samenvatting te schrijven van de bijeenkomst van vandaag. De jongere kan hiervoor het thuiswerkblad 'Samenvatting' gebruiken.

Werkblad De gevolgen van trauma en stress

Vink alle gevolgen van trauma en stress aan die op jou van toepassing zijn en vul indien nodig aan.

Emoties
Welke zijn van toepassing op jou?
- ☐ overspoeld worden door emoties (positieve of negatieve)
- ☐ niet weten wat je voelt
- ☐ angst voor emoties / het voelen van emoties, emoties als onveilig beschouwen
- ☐ emoties willen vermijden of ontvluchten
- ☐ het gevoel hebben dat je emoties de baas over je zijn
- ☐ je verdoofd of 'leeg' voelen
- ☐ ....
- ☐ ....

Relaties
Welke zijn van toepassing op jou?
- ☐ een afstand voelen tussen jezelf en anderen, of je afgesneden voelen van anderen
- ☐ je anders voelen dan anderen
- ☐ snel geïrriteerd raken door anderen
- ☐ niet veel mensen vertrouwen
- ☐ geloven dat de meeste mensen je zullen teleurstellen
- ☐ niet voldoende voor jezelf opkomen tegenover anderen
- ☐ te agressief zijn tegenover anderen
- ☐ niet te dichtbij willen komen
- ☐ relaties vermijden
- ☐ ....
- ☐ ....

Werkblad Mijn persoonlijke doelen

Ga na op welke gebieden je problemen ervaart in emoties en relaties met anderen. Noteer aan de hand van dit onderwerp hieronder jouw persoonlijke doelen.

1 _____

2 _____

3 _____

4 _____

5 _____

Thuiswerkblad Samenvatting
Schrijf een korte samenvatting van de eerste bijeenkomst.

Traptrede 2: Herkennen en benoemen van emoties

Benodigdheden

- ☐ vragenlijsten ten behoeve van de effectmeting
- ☐ een gespreksruimte met een tafel en voldoende zitplaatsen
- ☐ een whiteboard en stiften
- ☐ pen en papier

Rationale

- ▶ Opstellen veiligheidsplan
- ▶ Kennis over de invloed van trauma op emoties
- ▶ Leren herkennen en benoemen van emoties
- ▶ Oefenen met aandachtig ademhalen

Programma

1. Invullen vragenlijsten
2. Thuiswerkopdracht nabespreken
3. Veiligheidsplan en veiligheidskaart
4. Psycho-educatie over trauma en emoties
5. Oplossingsvaardigheid: aandachtig ademhalen
6. Thuiswerkopdracht bespreken
7. Aanpassen oplossingsvaardigheden en veiligheidsplan

1. Invullen vragenlijsten

In het kader van het meten van de effectiviteit van de behandeling wordt aangeraden om bij het begin van iedere bijeenkomst een vragenlijst af te nemen om de voortgang van de behandeling op systematische wijze te meten en evalueren.

2. Thuiswerkopdracht nabespreken

Bespreek samen met de jongere de thuiswerkopdracht van afgelopen week waarbij de focus ligt op het erkennen van de jongere.
- Inventariseer hoe de jongere de eerste bijeenkomst heeft ervaren.
- Als er nog onduidelijkheden over de behandeling of over de diagnostiek zijn, maak ze dan bespreekbaar.

3. Veiligheidsplan en veiligheidskaart

Bespreek/lees met de jongere
In deze bijeenkomst gaan we samen een plan maken waarin staat wat jij kunt doen op het moment dat je een heftige emotie ervaart of wat je kunt doen in het geval van nood. Bijvoorbeeld in geval van suïcidale gedachten of angst. Dit noemen we fase oranje en fase rood. In het plan staan signalen zoals wat je voelt in je lichaam of wat je doet of wat je denkt op het moment dat je een heftige emotie ervaart of in nood bent. Dit noemen we waarschuwingssignalen. Daarnaast staan oplossingsvaardigheden. Dit zijn dingen die jou kunnen helpen om kalm te worden.

Ook staat in het plan welke actie jij onderneemt in het geval van nood. Het is belangrijk dat we hier duidelijke afspraken over maken, omdat ik het als jouw therapeut belangrijk vind dat je veilig bent. Voorbeelden die in je veiligheidsplan zouden kunnen staan zijn: 'Als ik geïrriteerd reageer, dan trek ik me terug en ga ik muziek luisteren', 'Als ik mij boos voel, dan neem ik een time-out door naar mijn kamer te gaan', of 'Als ik mezelf pijn wil doen, dan bel ik mijn moeder'.

Het plan zal steeds uitgebreider worden, omdat je steeds meer vaardigheden leert. Aan het eind van iedere sessie bespreken we het plan en vullen we het aan.

Stel nu samen met de jongere een veiligheidsplan op waar jullie het samen over eens zijn. Een veiligheidsplan heeft als doel om samen afspraken te maken hoe de jongere haar emoties kan reguleren en wat te doen in geval van nood of crisis.

Een veiligheidsplan bestaat uit een beschrijving van drie fases: (zie werkblad 'Veiligheidsplan')
1. Fase groen. Dit is de fase waarin de jongere ontspannen is of goed in haar vel zit.
2. Fase oranje. Dit is de tussenfase, waarin de jongere al enigszins geprikkeld of gespannen raakt.
3. Fase rood. Dit is de fase waarin sprake is van nood en/of crisis.

Per fase wordt uitgeschreven:
- Waarschuwingssignalen: Wat voel je, wat denk je en wat doe je?
- Wat helpt niet?
- Oplossingsvaardigheden: Wat helpt je in deze fase: op het gebied van denken en doen.
- Wat kunnen anderen doen om jou te helpen?

Eventueel kunnen korte punten op een kaart geschreven worden, die de jongere in haar portemonnee, telefoon, tas of jaszak kan bewaren (veiligheidskaart).
Daar zou bijvoorbeeld het volgende op kunnen staan:
- Als ik me boos of angstig voel, oefen ik oplossingsvaardigheden, zoals: aandachtig ademhalen of een time-out nemen.
- Als ik 'dissocieer' of me 'afwezig' voel, drink ik een koud glas frisdrank of een kop warme chocolademelk om me terug te brengen naar het hier en nu. Ik zal ook een vriend of vriendin opbellen om me te steunen.
- Als ik me heel bang voel, praat ik met een volwassene die ik vertrouw, zoals een familielid, leraar of vriend van de familie.

De veiligheidskaart kan het telefoonnummer van de therapeut vermelden, evenals andere belangrijke telefoonnummers. Het veiligheidsplan wordt aan het einde van iedere zitting opnieuw doorgenomen en beoordeeld.

TRAPTREDE 2: HERKENNEN EN BENOEMEN VAN EMOTIES

4. Psycho-educatie over trauma en emoties

Bespreek/lees met de jongere

Emoties zijn belangrijk in ons leven. Ze hebben twee belangrijke functies, namelijk: mensen communiceren met elkaar via emoties, en emoties bepalen wat je doet of wat je beslist.

Na het meemaken van een trauma kan het moeilijker zijn om met je emoties om te gaan. Het kan zijn dat je regelmatig door emoties overspoeld wordt of juist even helemaal niets voelt. Het is belangrijk dat je leert je gevoelens weer te herkennen. Dat je weet waar ze vandaan komen. En dat je (weer) leert om met je gevoelens om te gaan. Dat zal soms nieuw zijn en je voelt je daar mogelijk wat onwennig bij.

Na het mee maken van een traumatische gebeurtenis, is het vaak zo dat je in een bepaalde situatie die je doet denken aan het trauma extra heftig reageert of juist niet reageert. Het kan zijn dat bepaalde prikkels, bijvoorbeeld iets wat je ziet, ruik of voelt, dit oproepen. Dit noemen we triggers. Triggers zijn dus prikkels die je doen denken aan wat je hebt meegemaakt. Wat er dan gebeurt, is dat de emoties die horen bij het trauma uit het verleden ineens naar boven komen. Iemand wordt bijvoorbeeld per ongeluk aangeraakt en moet vervolgens denken aan een gebeurtenis toen ze geslagen werd. Ze voelt zich weer bang en reageert erg geschrokken en boos. Deze aanraking is dan de 'trigger' die haar weer doet denken aan de situatie van vroeger en die maakt dat ze op dat moment een heftigere reactie vertoont dan passend is in de situatie. Door het leren benoemen van je gevoelens, het herkennen van je triggers en het aanleren van vaardigheden om met je emoties om te gaan, zul je jezelf beter begrijpen en weten hoe je in bepaalde situaties het best kunt reageren.

Bespreek samen met de jongere het werkblad 'Lijst van emoties'. Help de jongere om emoties te definiëren waarmee ze niet bekend is. Sommige jongeren hebben nooit geleerd onderscheid te maken tussen hun emoties of om hun emoties te benoemen. Ze kunnen baat hebben bij het bespreken van dit werkblad om zodoende verschillende emoties beter te leren begrijpen.

Laat de jongere oefenen met het benoemen van emoties door het werkblad 'Benoem de emotie' in te vullen. Ondersteun de jongere waar nodig.

Vul nu samen met de jongere het werkblad 'Zelfobservatie emoties' in. Lees voordat je hier aan begint eerst onderstaande tekst.

Bespreek/lees met de jongere

We gaan nu samen een werkblad invullen dat gaat over een situatie waarin jij een emotie hebt ervaren. Het doel hiervan is dat je weet welke emotie je voelt in welke situatie en wat je doet in zo'n situatie. Het werkblad heet 'Zelfobservatie emoties'. Elke week vul je dit werkblad in.

Je schrijft elke keer de volgende punten op:
▶ Wat is er gebeurd?
▶ Welke emotie voelde je?
▶ Hoe heftig was deze emotie op een schaal van 0-10?
▶ Wat dacht je?
▶ Wat heb je gedaan?

Door deze oefening leer jij je emoties beter herkennen en benoemen. Ook weten we, doordat jij deze werkbladen elke week invult, wat je heeft beziggehouden. Die ervaringen kunnen we gebruiken om in de bijeenkomst te oefenen.

> **Do's-and-don'ts**
> ▶ Sommige jongeren kunnen hun emoties alleen beschrijven in termen van fysieke gewaarwordingen. Dit kan een beginpunt zijn. Anderen kunnen emoties al herkennen en benoemen, maar hebben geen idee waar de emotie vandaan komt. Moedig de jongere aan in hun zoektocht.
> ▶ Het kan zijn dat de jongere aangeeft geen gevoel te ervaren (bijv. in geval van dissociëren), noteer dit dan als signaal op het veiligheidsplan.

5. Oplossingsvaardigheid: aandachtig ademhalen

Bespreek/lees met de jongere

Een manier om heftige emoties te verminderen is je lichaam kalmeren door je te richten op je ademhaling. Het helpt je om rustiger te worden, je beter te concentreren en om beter contact met je lichaam te maken. Het is een goede manier van voor jezelf zorgen. Als je van streek bent, ben je geneigd om vanuit je borstkas te ademen in plaats van vanuit je buik. Ook ben je geneigd om sneller en oppervlakkiger te ademen, waardoor je te veel zuurstof binnenkrijgt. Dit kan ervoor zorgen dat je je angstiger voelt, dat je duizelig wordt, dat je slecht op adem komt of dat je wat verward raakt. We gaan zo een oefening doornemen waarbij je leert je op je ademhaling te richten en deze te vertragen. Je kunt deze oefening vervolgens gebruiken om je zelf tot rust te brengen. Bijvoorbeeld op het moment dat jij je geïrriteerd, boos of verdrietig voelt.

Laat de jongere nu ontdekken hoe zij ademhaalt en introduceer de ademhalingsoefening. Anticipeer op eventuele weerstand. Vraag de jongere om de aandacht te richten op de snelheid van de ademhaling. Vraag ook aan de jongere om te ontdekken of zij ademhaalt vanuit de borstkast of de buik. Geef de jongere de tijd en vraag wat zij opmerkt.

Bespreek/lees met de jongere

Nu gaan we oefenen hoe je vanuit je buik ademhaalt. Dat voelt misschien wat ongemakkelijk, maar laten we het samen proberen. Doe mij maar na. Je legt één hand op je borstkas en de andere hand op je buik. Als je vanuit je buik ademhaalt, dan beweegt vrijwel alleen de hand op je buik op en neer. Als dit niet zo is, dan adem je vanuit je borstkas. Wat kan helpen is dat je je voorstelt dat je buik een ballon is die groter wordt als je inademt en leegloopt en kleiner wordt als je uitademt. Probeer dit maar eens.
Mogelijk komen er tijdens het aandachtig ademhalen allerlei gevoelens en gedachten naar boven. Dat is niet erg. Focus je dan weer op de ademhaling en ga door met de oefening.

Doe de ademhalingsoefening samen met de jongere. Geef de jongere hiervoor de tijd en moedig haar hierin aan.

Bespreek/lees met de jongere
Wat je nu gaat doen, is je ademhaling proberen te vertragen. Je probeert straks diep en langzaam in te ademen en vervolgens weer langzaam uit te ademen. Nadat je hebt uitgeademd, probeer je een pauze te nemen, dus je wacht even met opnieuw inademen. Het kan helpen om door je neus te ademen. Ook kan het helpen om je voor te stellen dat je ademhaling een golf is. Of dat je de trap beklimt van een glijbaan en er vervolgens afglijdt. Probeer dit maar eens.

Doe de ademhalingsoefening samen met de jongere. Geef de jongere hiervoor de tijd en moedig haar hierin aan.

Bespreek/lees met de jongere
Als laatste kan het prettig zijn dat je iets tegen jezelf zegt bij de uitademing. Dit kan helpen om je extra goed te concentreren en om te ontspannen. Je kunt bijvoorbeeld zeggen 'ontspan', 'kalm' of 'chill', of iets anders wat bij je past. Wat past er bij jou?

Doe de ademhalingsoefening samen met de jongere. Geef de jongere hiervoor de tijd en moedig haar hierin aan.

Bespreek/lees met de jongere
Neem iedere dag de tijd om de oefening te doen. Het helpt als je het doet op een plek waar jij je op je gemak voelt. Doe het zo'n vijf minuten. Als je het vaker doet, zul je merken dat het steeds makkelijker gaat en dat het je helpt. De ademhalingsoefening kan je helpen weer rustig te worden, wanneer je een heftige emotie hebt.

6. Thuiswerkopdracht voorbespreken

- Thuiswerkblad 'Zelfobservatie emoties' twee keer per week invullen. De focus ligt op het simpelweg registreren van ervaringen.
- Dagelijks oefenen met aandachtig ademhalen.
- Thuiswerk bijhouden in het activiteitenoverzicht.

7. Aanpassen oplossingsvaardigheden en veiligheidsplan

Bespreek kort met de jongere welke oplossingsvaardigheden zij geleerd heeft tijdens deze bijeenkomst. Voeg, indien nodig, nieuwe vaardigheden toe aan het veiligheidsplan.

Werkblad Lijst van Emoties

Bekijk onderstaande lijst van emoties en bespreek welke emoties je wel en niet herkent bij jezelf.

blij	eenzaam	hoopvol
schuldig	opgewonden	boos
bezorgd	trots	bang
jaloers	ongeduldig	verward
verrast	geliefd	gefrustreerd
verdrietig	verveeld	rustig
depressief	onrustig	schuldig
ontmoedigd	enthousiast	ontspannen
overspoeld	tevreden	geïrriteerd
optimistisch	verbaasd	wantrouwend
zelfverzekerd	verslagen	berouwvol
wanhopig	prikkelbaar	uitgeput
woedend	zorgeloos	rancuneus

Werkblad Benoem de emotie

Hoe denk je dat deze mensen zich voelen? Je mag meer dan één emotie opschrijven.

TRAPTREDE 2: HERKENNEN EN BENOEMEN VAN EMOTIES

Werkblad Zelfobservatie emoties
Vul onderstaand schema in over een situatie waarin je een emotie hebt ervaren.

Zelfobservatie emoties				
Beschrijf een situatie.	Hoe voelde je je?	Hoe hevig was dat gevoel? Niet zo erg, een beetje, erg hevig: 0-10	Wat dacht je? Wat ging er door je hoofd?	Hoe ging je ermee om? Wat deed je?
Mijn moeder gaf me op mijn kop, omdat ik mijn kamer niet had opgeruimd.	geërgerd	een beetje (5)	Ik wou dat ze me met rust liet. Ze is zo bazig!	Ik ging naar mijn kamer en zette de radio aan.
-	-	-	-	-
-	-	-	-	-

Thuiswerkblad Zelfobservatie emoties
Beschrijf de komende week twee situaties waarin je een emotie hebt ervaren.

Zelfobservatie emoties				
Beschrijf een situatie.	Hoe voelde je je?	Hoe hevig was dat gevoel? Niet zo erg, een beetje, erg hevig: 0-10	Wat dacht je? Wat ging er door je hoofd?	Hoe ging je ermee om? Wat deed je?
Mijn moeder gaf me op mijn kop, omdat ik mijn kamer niet had opgeruimd.	geërgerd	een beetje (5)	Ik wou dat ze me met rust liet. Ze is zo bazig!	Ik ging naar mijn kamer en zette de radio aan.
-	-	-	-	-
-	-	-	-	-

Activiteitenoverzicht

Vul in welke activiteiten je deze week hebt ondernomen.

activiteit	frequentie	ma	di	wo	do	vr	za	zo
werkblad 'Zelfobservatie emoties'	2 keer per week	ja/nee	ja/nee	ja/nee	ja/nee	ja/nee	ja/nee	ja/nee
zelfzorgactiviteit: aandachtig ademhalen	elke dag	ja/nee	ja/nee	ja/nee	ja/nee	ja/nee	ja/nee	ja/nee

Veiligheidsplan

fase	waarschuwingssignalen: Wat voel je? Wat denk je? Wat doe je?	Wat helpt niet?	oplossingsvaardigheden: Wat helpt op het gebied van denken en doen?	Wat kunnen anderen doen?
groen				
oranje				
rood				

Actie in geval van nood:

Belangrijke telefoonnummers:

Telefoonnummer therapeut:

Traptrede 3:
Het reguleren van emoties door zelfzorg en zelfkalmering

Benodigdheden

- [ ] vragenlijsten ten behoeve van de effectmeting
- [ ] een gespreksruimte met een tafel en voldoende zitplaatsen
- [ ] een whiteboard en stiften
- [ ] pen en papier

Rationale

▶ Introductie van de begrippen zelfzorg en zelfkalmering en het belang daarvan
▶ Vergroten van inzicht dat emoties middels oplossingsvaardigheden gereguleerd kunnen worden

Programma

1. Invullen vragenlijsten
2. Thuiswerkopdracht nabespreken
3. Psycho-educatie over omgaan met emoties en oplossingsvaardigheden
4. Oplossingsvaardigheden: zelfzorg en zelfkalmering
5. Thuiswerkopdracht voorbespreken
6. Aanpassen oplossingsvaardigheden en veiligheidsplan

1. Invullen vragenlijsten

In het kader van het meten van de effectiviteit van de behandeling wordt aangeraden om bij het begin van iedere bijeenkomst een vragenlijst af te nemen om de voortgang van de behandeling op systematische wijze te meten en evalueren.

2. Thuiswerkopdracht nabespreken

Bespreek samen met de jongere de thuiswerkopdracht van afgelopen week.
- Neem het twee keer ingevulde thuiswerkblad 'Zelfobservatie emoties' door.
- Bespreek hoe het oefenen met aandachtig ademhalen gegaan is.
- Doe de ademhalingstechniek nogmaals samen met de jongere. Benadruk het belang van oefenen om maximaal profijt te hebben van het anders leren ademhalen.
- Bespreek eventuele praktische moeilijkheden of misverstanden betreffende de thuiswerkopdracht.

3. Psycho-educatie over omgaan met emoties en oplossingsvaardigheden

Gebruik de werkbladen 'Zelfobservatie emoties' uit de vorige bijeenkomst om te focussen op het onderwerp omgaan met emoties.

Bespreek/lees met de jongere

Als je traumatische gebeurtenissen hebt meegemaakt, dan is het begrijpelijk dat je daar met veel emotie op reageert. Dat is een menselijke reactie. Iedereen zoekt vervolgens manieren om met deze emoties en stress om te gaan om te kunnen overleven. Sommige van deze manieren helpen en sommige niet.

Sommige manieren helpen goed op korte termijn, bijvoorbeeld het wegstoppen van je emoties. Op langere termijn helpt dit niet meer en komen deze emoties toch naar boven. En dan vaak nog heftiger, omdat ze zijn opgestapeld. Andere manieren helpen wel, zoals met anderen praten over je emoties en gedachten. Echter, niet iedereen heeft mensen in haar omgeving waarmee dat makkelijk gaat. Hoe ga jij met deze heftige emoties om?

Ga met de jongere in gesprek en laat de jongere nadenken over hoe zij omgaat met heftige emoties. Bespreek welke oplossingsvaardigheden de jongere al heeft en welke zij vaak gebruikt. Help de jongere met het zoeken naar oplossingsvaardigheden. Voeg de vaardigheden die de jongere effectief vindt toe aan het veiligheidsplan.

Do's-and-don'ts
▶ Valideer de oplossingsvaardigheden die de jongere benoemt, en bespreek welke oplossingsvaardigheden het meest effectief zijn. Ga na hoe vaak de jongere deze vaardigheden al inzet, en prijs de jongere daarvoor.

4. Oplossingsvaardigheden: zelfzorg en zelfkalmering

Introduceer het begrip 'Zelfzorg' door middel van onderstaande tekst.

Bespreek/lees met de jongere

Naast het oefenen van oplossingsvaardigheden om met je heftige emoties om te gaan, is er nog een aantal dingen die je kunt doen om jezelf te helpen deze emoties aan te kunnen. Deze helpen je om je goed te voelen. Dit noemen we ook wel 'zelfzorg'. Zelfzorg kan bijvoorbeeld zijn dat je gezond eet, genoeg slaapt, iets doet wat je ontspant, enzovoort. Als je goed voor jezelf zorgt, ben je minder kwetsbaar om overspoeld te worden door gedachten en emoties. Noem eens iets wat jij doet om voor jezelf te zorgen?

Valideer wat de jongere al doet, en bespreek vervolgens de mogelijkheden voor zelfzorg. Neem het onderstaande met de jongere door.

Bespreek/lees met de jongere
Zelfzorg
1. **Zorg goed voor je lichaam.** Als je ziek bent, ga je naar een dokter. Neem alle medicijnen die aan je zijn voorgeschreven. Het gebruik van drugs en alcohol kan leiden tot veranderingen in je emoties, en de manier waarop je je gedraagt kan vervelend zijn en problemen veroorzaken.
2. **Eet gezond.** Eet niet te veel of te weinig. Probeer drie uitgebalanceerde maaltijden per dag te nuttigen en drie tussendoortjes.
3. **Zorg dat je voldoende rust krijgt.** Zorg ervoor dat je genoeg slaapt om je uitgerust te voelen. Als je moeite hebt met inslapen, bedenk dan een slaapritueel.
4. **Beweeg.** Probeer iedere dag ten minste twintig minuten te bewegen.
5. **Voel je bekwaam.** Probeer iedere dag iets te doen waardoor je je goed voelt en je de baas voelt over jezelf. Welke dingen geven je voldoening? Op welke dingen ben je trots?

Welke van de bovenstaande dingen doe jij? Welke andere mogelijkheden zijn misschien van toepassing op jou?

Introduceer het begrip 'Zelfkalmering', en leg uit dat zelfkalmering tot doel heeft om je te ontspannen op momenten dat je je naar voelt. Sommige jongeren verzetten zich tegen elke vorm van zelfkalmering, om de pijn en de woede vast te houden als bewijs van wat hen is aangedaan of wat ze hebben meegemaakt. Ze hebben het gevoel dat hun lijden op de een of andere manier gebagatelliseerd zou worden als het mogelijk zou zijn om verlichting te krijgen door middel van een oplossingsvaardigheid. De therapeut zal dit moeten beoordelen en voorzichtig ter sprake moeten brengen, waarbij moet worden benadrukt dat het zichzelf toestaan om enige verlichting te voelen geen afbreuk doet aan het lijden van de jongere (bijvoorbeeld 'Een pleister op een wond plakken om deze te helpen genezen, betekent niet dat de verwonding nooit heeft plaatsgevonden').

Bespreek/lees met de jongere
Een andere oplossingsvaardigheid om met heftige emoties om te gaan, is jezelf helpen ontspannen. We noemen dit 'zelfkalmering'. Zelfkalmering doe je via je zintuigen. We hebben vijf zintuigen; weet jij welke?

Bespreek met de jongere de vijf zintuigen (zien, horen, ruiken, proeven en voelen). Valideer en ondersteun de jongere waar nodig.

Bespreek/lees met de jongere
Om rustig te worden kan het ook helpen om je op meerdere zintuigen tegelijkertijd te richten. Veel jongeren gebruiken bijvoorbeeld het zintuig 'horen' in combinatie met het zintuig 'zien' om zich te ontspannen. Zo luisteren ze naar ontspannende muziek en kijken daarbij naar een foto met bijvoorbeeld een mooie herinnering. Gebruik jij wel eens je zintuigen om je te ontspannen? En in welke situaties doe je dat?

Bespreek met de jongere situaties waarin zij zich ontspant door het inzetten van zintuigen, zoals in het besproken voorbeeld. Valideer en ondersteun waar nodig met voorbeelden van ontspanningsoefeningen (zie 'Voorbeelden van ontspanningsoefeningen' hierna).

Voorbeelden van ontspanningsoefeningen

Zien: Het kan rustgevend zijn om te kijken naar iets moois, zoals bloemen, een kunstwerk, plaatjes in een tijdschrift of beelden op de televisie of een computer. Ga naar (of denk aan) een plek waar je je ontspannen voelt, zoals een park, een bepaalde kamer in je huis of ergens onder de sterrenhemel. Misschien wil je zelf iets maken waar je naar kunt kijken, zoals een tekening of een schilderij.

Horen: Bedenk van welke geluiden je kalm wordt. Van welke soort muziek word je kalm? Misschien wil je naar muziek luisteren en misschien meezingen zodat je je eigen stem kunt horen. Misschien wil je luisteren naar een programma op de televisie, of naar rustgevende geluiden, zoals van tsjilpende vogels, golven of regen. Je zou iemand kunnen bellen die je helpt te ontspannen doordat je zijn of haar kalme en rustgevende stem hoort.

Ruiken: Denk eens aan je favoriete geuren. Welke geuren geven je een kalm en ontspannen gevoel? Misschien kun je een lekker ruikende lotion opsmeren of licht geurende kaarsen aandoen. Je zou aan bloemen kunnen ruiken. Misschien kun je bloemen en kruiden gebruiken om potpourri te maken. Sommige mensen vinden het fijn om iets te koken of te bakken dat lekker ruikt, zoals koekjes of brood. Misschien kun je een wandeling gaan maken buiten en de frisse geuren van de natuur opsnuiven, zoals die van bomen en planten.

Proeven: Het kan je troosten om van een lekkere maaltijd te genieten. Je kunt jezelf trakteren op iets lekkers, zoals fruit of snoep. Let op de smaak, de temperatuur en substantie van wat je eet. Misschien wil je een bijzonder toetje of een lekker drankje proberen, zoals kruidenthee of warme chocolademelk. Neem de tijd en geniet van de smaak van wat je eet of drinkt.

Voelen: Bedenk manieren waarop je je lichaam kunt verwennen. Misschien is het rustgevend om een warm bad of een voetbad te nemen, of om gemasseerd te worden. Probeer eens om koud water op je gezicht en nek te doen. Smeer jezelf eens in met lotion of olie. Bedenk welke kleding of meubels lekker zitten en je ontspannen. Heb je een favoriete stoel of een favoriet dekentje? Misschien wil je iets zachts aantrekken, zoals een trui of een badjas en sloffen. Probeer eens hoe het voelt om een harig dier te aaien, je handen in water te dompelen of zand door je vingers te laten glijden.

5. Thuiswerkopdracht voorbespreken

- Thuiswerkblad 'Zelfobservatie emoties' twee keer per week invullen. De focus ligt op de oplossingsvaardigheden die de jongere op dit moment gebruikt (of ze nu effectief zijn of niet).
- Thuiswerkblad 'Zelfkalmering' twee keer per week invullen. Vraag de jongere om twee activiteiten uit te kiezen en bij te houden hoe vaak hij of zij deze doet.
- Zelfzorg toepassen. Laat de jongere één manier van zelfzorg uitkiezen waar ze aan wil werken en laat haar die op het activiteitenoverzicht noteren om bij te houden hoe vaak zij dit doet. Dit kan bijvoorbeeld aandachtig ademhalen zijn.
- Competentieactiviteit: Help de jongere om te bepalen wat haar sterke punten zijn (bijvoorbeeld: schrijven, sporten, school, muziek maken of creativiteit). Persoonlijke behandeldoelen kunnen hier deel van uitmaken (zie werkblad 'Mijn persoonlijke doelen'). Laat de jongere op het activiteitenoverzicht een competentieactiviteit invullen om te oefenen, en leg uit dat dit helpt om een gevoel van bekwaamheid en controle te krijgen en het gevoel van eigenwaarde te verbeteren. De jongere dient de door haar gekozen competentieactiviteit uit te voeren.
- Thuiswerk bijhouden in het activiteitenoverzicht.

6. Aanpassen oplossingsvaardigheden en veiligheidsplan.

Bespreek kort met de jongere welke oplossingsvaardigheden zij geleerd heeft tijdens de bijeenkomst. Voeg nieuwe vaardigheden toe aan het veiligheidsplan.

Thuiswerkblad Zelfobservatie emoties

Beschrijf de komende week twee situaties waarin je een emotie hebt ervaren.

Zelfobservatie emoties				
Beschrijf een situatie.	Hoe voelde je je?	Hoe hevig was dat gevoel? Niet zo erg, een beetje, erg hevig: 0-10	Wat dacht je? Wat ging er door je hoofd?	Hoe ging je ermee om? Wat deed je?
Mijn moeder gaf me op mijn kop, omdat ik mijn kamer niet had opgeruimd.	geërgerd	een beetje (5)	Ik wou dat ze me met rust liet. Ze is zo bazig!	Ik ging naar mijn kamer en zette de radio aan.
-	-	-	-	-
-	-	-	-	-

Thuiswerkblad Zelfkalmering

Kies twee kalmerende activiteiten die je hebt toegepast door het inzetten van je zintuigen.
Vul hieronder de activiteit in.

ZIEN	
HOREN	
RUIKEN	
PROEVEN	
VOELEN	

Activiteitenoverzicht

Vul in welke activiteiten je deze week hebt ondernomen.

activiteit	frequentie	ma	di	wo	do	vr	za	zo
thuiswerkblad 'Zelf-observatie emoties'	2 keer per week	ja/nee	ja/nee	ja/nee	ja/nee	ja/nee	ja/nee	ja/nee
thuiswerkblad 'Zelf-kalmering'	2 keer per week	ja/nee	ja/nee	ja/nee	ja/nee	ja/nee	ja/nee	ja/nee
zelfzorgactiviteit .... (vul in)	elke dag	ja/nee	ja/nee	ja/nee	ja/nee	ja/nee	ja/nee	ja/nee
competentieactiviteit .... (vul in)	1 keer per week	ja/nee	ja/nee	ja/nee	ja/nee	ja/nee	ja/nee	ja/nee

Veiligheidsplan

fase	waarschuwings-signalen: Wat voel je? Wat denk je? Wat doe je?	Wat helpt niet?	oplossingsvaardigheden: Wat helpt op het gebied van denken en doen?	Wat kunnen anderen doen?
groen				
oranje				
rood				

Actie in geval van nood:

Belangrijke telefoonnummers:

Telefoonnummer therapeut:

Traptrede 4: Het reguleren van emoties door cognitieve oplossingsvaardigheden

Benodigdheden

- ☐ vragenlijsten ten behoeve van de effectmeting
- ☐ een gespreksruimte met een tafel en voldoende zitplaatsen
- ☐ een whiteboard en stiften
- ☐ pen en papier

Rationale

▶ Introductie van de cognitieve oplossingsvaardigheden 'gedachten stoppen en aandacht verleggen' en 'positieve zelfspraak' in het omgaan met nare emoties

Programma

1. Invullen vragenlijsten
2. Thuiswerkopdracht nabespreken
3. Cognitieve oplossingsvaardigheden
4. Thuiswerkopdracht voorbespreken
5. Aanpassen oplossingsvaardigheden en veiligheidsplan

1. Invullen vragenlijsten

In het kader van het meten van de effectiviteit van de behandeling wordt aangeraden om bij het begin van iedere bijeenkomst een vragenlijst af te nemen om de voortgang van de behandeling op systematische wijze te meten en evalueren.

2. Thuiswerkopdracht nabespreken

Bespreek samen met de jongere de thuiswerkopdracht van afgelopen week.
- Neem het twee keer ingevulde thuiswerkblad 'Zelfobservatie emoties' door.
- Neem het thuiswerkblad 'Zelfkalmering' door en bespreek welk effect dit had.
- Bespreek het activiteitenoverzicht, en check daarbij of de jongere dagelijks zelfzorg heeft toegepast en twee keer de gekozen competentieactiviteit heeft uitgevoerd.
- Bespreek eventuele praktische moeilijkheden of misverstanden betreffende de thuiswerkopdracht.

> **Do's-and-don'ts**
> ▶ De therapeut dient bij de jongere na te gaan hoe het met de door haar gekozen competentieactiviteit staat, hoe vaak ze deze uitvoert, hoe ze zich voelt als ze deze activiteit uitvoert, en welke overtuigingen ze daardoor over zichzelf krijgt.
> ▶ Valideer de jongere bij (haar pogingen tot) de uitvoering van de thuiswerkopdrachten. Benadruk het belang van de thuiswerkopdrachten.

3. Cognitieve oplossingsvaardigheden

Introduceer de begrippen 'gedachten stoppen en aandacht verleggen' en 'positieve zelfspraak'.

Bespreek/lees met de jongere

*De vorige keer hadden we het over oplossingsvaardigheden die je helpen als je een heftige emotie hebt. We hadden het toen over 'zelfkalmering' en over goed voor jezelf zorgen. Weet je dat nog? Vandaag gaan we het hebben over vaardigheden die je denken kunnen beïnvloeden. Als je een trauma hebt meegemaakt, beïnvloedt dit niet alleen je emoties, maar ook je gedachten. Vaak ontstaan er allerlei negatieve gedachten over **jezelf** – bijvoorbeeld: 'ik heb het weer niet goed gedaan' of 'zie je wel, ik ben een sukkel' – en negatieve gedachten over **anderen** – bijvoorbeeld: 'anderen zijn niet te vertrouwen' of 'anderen zullen me toch in de steek laten'. Het kan dan heel moeilijk zijn om deze gedachten te stoppen. We noemen dat een 'gedachtestroom'. Herken je dat?*

Ik ga je vandaag uitleggen hoe je vaardigheden kunt inzetten om minder last te hebben van deze negatieve gedachtestromen, en we gaan er kort mee oefenen.

We beginnen met 'gedachten stoppen en aandacht verleggen'. Dit wil zeggen dat je je eigen negatieve gedachtestroom stopt door letterlijk 'Stop' te zeggen tegen deze gedachten. Vervolgens richt je je aandacht op iets anders. Je zegt dus 'Stop' tegen jezelf, of in jezelf, en gaat dan bijvoorbeeld een wandeling maken of een vriendin bellen. Waar denk jij dat je je aandacht op zou kunnen richten? Wat zou jou helpen?

Laat de jongere kort wat vertellen over zijn/haar negatieve gedachtestromen. Valideer deze en sluit daar vervolgens bij aan. Overleg vervolgens met de jongere waar zij de aandacht op kan richten na het stoppen van een negatieve gedachtestroom. Vul indien nodig aan met voorbeelden als: lezen, muziek luisteren, wandelen, met vrienden bellen of afspreken, fijne herinneringen uit het verleden ophalen et cetera.

TRAPTREDE 4: HET REGULEREN VAN EMOTIES DOOR COGNITIEVE OPLOSSINGSVAARDIGHEDEN 39

> **Do's-and-don'ts**
> ▶ Het is **heel erg belangrijk** om duidelijk te maken dat deze en andere oplossingsvaardigheden niet bedoeld zijn om emoties en gedachten weg te maken of te vermijden, maar om de jongere controle te geven over overweldigende emoties en negatieve gedachtestromen, en zeggenschap te geven over het moment waarop ze nare emoties wil verdragen.
> ▶ Niet alle jongeren zullen alle oplossingsstrategieën even prettig vinden. Moedig de jongere aan om dingen uit te proberen, maar geef aan dat zij zich kan richten op de vaardigheden die voor haar het best werken. Leg daarbij uit dat sommige jongeren 'doeners' zijn. Het helpt hen om bezig te zijn met dingen, zoals in een dagboek schrijven of sporten. Anderen zijn 'denkers'. Zij gaan om met stress door tegen zichzelf te zeggen dat hun nare emoties tijdelijk zijn, of ze proberen aan fijnere dingen te denken. Weer anderen zoeken sociale steun door hun vrienden op te zoeken of door iets aardigs voor iemand anders te doen.

Vraag de jongere naar een recente situatie waarin zij last had van een negatieve gedachtestroom en oefen in de sessie wat de jongere had kunnen doen. Bespreek dit voor, en laat de jongere de gedachten hardop uitspreken en 'stop' zeggen, en vervolgens haar aandacht verleggen. Laat daarna de jongere stilzwijgend deze oefening nog een keer doen. Bespreek de oefening na, waarbij de focus ligt op het valideren van de jongere.

De jongere heeft nu kunnen oefenen met het stoppen van negatieve gedachten en het verleggen van de aandacht door die op iets anders te richten. Een andere cognitieve oplossingsvaardigheid is het toepassen van positieve zelfspraak.

> **Bespreek/lees met de jongere**
> De tweede oplossingsvaardigheid om je negatieve gedachtestromen te beïnvloeden is 'positieve zelfspraak'. Deze oplossingsvaardigheid helpt als je negatieve gedachten hebt over jezelf. Als je negatief denkt over jezelf, zorgt dat ervoor dat je je ook negatief gaat voelen. En als je je negatief voelt, krijg je nog meer negatieve gedachten. Zo kom je in een negatieve spiraal van gedachten en gevoelens terecht.

Teken een neerwaartse spiraal van gedachten en gevoelens. Bespreek met de jongere of zij dit herkent.

> **Bespreek/lees met de jongere**
> Om uit deze spiraal te komen is het van belang dat je je aandacht verlegt naar de dingen die leuk aan je zijn, dingen die je goed kunt, die anderen leuk aan je vinden enzovoort. Kortom naar je kwaliteiten. Wat zijn jouw kwaliteiten of pluspunten?

Bespreek met de jongere zijn of haar kwaliteiten. Ondersteun en valideer waar nodig. Vul met de jongere het werkblad 'Positieve zelfspraak' in. Gebruik hierbij de informatie uit de zelfobservatiewerkbladen om probleemgebieden te bepalen met betrekking tot negatieve gedachtestromen waaraan tegenwicht geboden moet worden in de vorm van positievere zelfspraak. Als de jongere bijvoorbeeld denkt: 'ik ben een loser', dan zou de jongere tegen zichzelf kunnen zeggen: 'ik doe mijn best.'

4. Thuiswerkopdracht voorbespreken

- Thuiswerkblad 'Zelfobservatie emoties' twee keer per week invullen. De focus ligt op de oplossingsvaardigheden die de jongere op dit moment gebruikt (of ze nu effectief zijn of niet).
- Oefenen met de cognitieve oplossingsvaardigheden 'gedachten stoppen en aandacht verleggen' en 'positieve zelfspraak'.
- Dagelijks zelfzorg toepassen en twee keer per week zelfkalmering.
- Competentieactiviteit: de jongere dient de gekozen activiteit te oefenen.
- Thuiswerk bijhouden in het activiteitenoverzicht.

5. Aanpassen oplossingsvaardigheden en veiligheidsplan

Bespreek kort met de jongere welke oplossingsvaardigheden zij geleerd heeft tijdens de bijeenkomst. Voeg nieuwe vaardigheden toe aan het veiligheidsplan.

Werkblad Positieve zelfspraak
Schrijf hieronder welke kwaliteiten je hebt (waar ben je goed in, waar ben je trots op?)

_____
_____
_____
_____
_____
_____
_____
_____
_____
_____
_____
_____
_____
_____
_____
_____
_____
_____

TRAPTREDE 4: HET REGULEREN VAN EMOTIES DOOR COGNITIEVE OPLOSSINGSVAARDIGHEDEN

Thuiswerkblad Zelfobservatie emoties

Beschrijf de komende week twee situaties waarin je een emotie hebt ervaren.

Zelfobservatie emoties				
Beschrijf een situatie.	Hoe voelde je je?	Hoe hevig was dat gevoel? Niet zo erg, een beetje, erg hevig: 0-10	Wat dacht je? Wat ging er door je hoofd?	Hoe ging je ermee om? Wat deed je?
Mijn moeder gaf me op mijn kop, omdat ik mijn kamer niet had opgeruimd.	geërgerd	een beetje (5)	Ik wou dat ze me met rust liet. Ze is zo bazig!	Ik ging naar mijn kamer en zette de radio aan.
-	-	-	-	-
-	-	-	-	-

Activiteitenoverzicht

Vul in welke activiteiten je deze week hebt ondernomen.

activiteit	frequentie	ma	di	wo	do	vr	za	zo
thuiswerkblad 'Zelf-observatie emoties'	2 keer per week	ja/nee	ja/nee	ja/nee	ja/nee	ja/nee	ja/nee	ja/nee
zelfkalmering	2 keer per week	ja/nee	ja/nee	ja/nee	ja/nee	ja/nee	ja/nee	ja/nee
zelfzorgactiviteit ……………………… (vul in)	elke dag	ja/nee	ja/nee	ja/nee	ja/nee	ja/nee	ja/nee	ja/nee
competentieactiviteit ……………………… (vul in)	1 keer per week	ja/nee	ja/nee	ja/nee	ja/nee	ja/nee	ja/nee	ja/nee
gedachten stoppen en aandacht verleggen	2 keer per week	ja/nee	ja/nee	ja/nee	ja/nee	ja/nee	ja/nee	ja/nee
positieve zelfspraak	2 keer per week	ja/nee	ja/nee	ja/nee	ja/nee	ja/nee	ja/nee	ja/nee

Veiligheidsplan

fase	waarschuwings-signalen: Wat voel je? Wat denk je? Wat doe je?	Wat helpt niet?	oplossingsvaardigheden: Wat helpt op het gebied van denken en doen?	Wat kunnen anderen doen?
groen				
oranje				
rood				

Actie in geval van nood:

Belangrijke telefoonnummers:

Telefoonnummer therapeut:

Traptrede 5:
Omgaan met moeilijke situaties door het afwegen van voor- en nadelen

Benodigdheden

- ☐ vragenlijsten ten behoeve van de effectmeting
- ☐ een gespreksruimte met een tafel en voldoende zitplaatsen
- ☐ een whiteboard en stiften
- ☐ pen en papier

Rationale

▶ Vergroten van motivatie voor het leren omgaan met moeilijke situaties
▶ Uitbreiden van oplossingsvaardigheden in het omgaan met emoties in moeilijke situaties door het afwegen van voor- en nadelen
▶ Oefenen met het focussen op het behalen van een (eigen) doel

Programma

1. Invullen vragenlijsten
2. Thuiswerkopdracht nabespreken
3. Psycho-educatie in het omgaan met moeilijke situaties en emoties
4. Omgaan met moeilijke situaties door het afwegen van voor- en nadelen
5. Thuiswerkopdracht voorbespreken
6. Aanpassen oplossingsvaardigheden en veiligheidsplan

1. Invullen vragenlijsten

In het kader van het meten van de effectiviteit van de behandeling wordt aangeraden om bij het begin van iedere bijeenkomst een vragenlijst af te nemen om de voortgang van de behandeling op systematische wijze te meten en evalueren.

2. Thuiswerkopdracht nabespreken

Bespreek samen met de jongere de thuiswerkopdracht van afgelopen week.
- Neem het twee keer ingevulde thuiswerkblad 'Zelfobservatie emoties' door.
- Bespreek het gebruik van beide cognitieve oplossingsvaardigheden 'gedachten stoppen en aandacht verleggen' en 'positieve zelfspraak' in de afgelopen week en welk effect dit had.
- Bespreek het activiteitenoverzicht en check daarbij of de jongere dagelijks zelfzorg en twee keer zelfkalmering heeft toegepast en één keer de gekozen competentieactiviteit heeft uitgevoerd.

- Bespreek eventuele praktische moeilijkheden of misverstanden betreffende de thuiswerkopdracht.

3. Psycho-educatie in het omgaan met moeilijke situaties en emoties

Bespreek dat mensen na een traumatische of stressvolle gebeurtenis vaak proberen om pijnlijke herinneringen te vermijden of negeren. Emoties zijn echter onvermijdelijk, en het negeren of ontkennen ervan zorgt er niet voor dat ze weggaan.

Bespreek/lees met de jongere
Als jongeren een traumatische of stressvolle gebeurtenis hebben meegemaakt, dan hebben zij meestal de neiging om pijnlijke emoties die horen bij de gebeurtenis(sen) te vermijden. Dit wil zeggen dat je er liever niet aan wilt denken en de emoties wilt wegstoppen. Je probeert ze te negeren. Ook kan het zijn dat je de neiging hebt om bepaalde situaties te vermijden. Dit is begrijpelijk, omdat ze je geen prettig gevoel geven.

Vraag de jongere of zij dit herkent; laat de jongere zelf nadenken. Valideer de jongere, en ondersteun haar op basis van wat je weet wanneer zij het moeilijk vindt.

Bespreek/lees met de jongere
Het probleem van het wegstoppen van gevoelens en het uit de weg gaan van moeilijke situaties is dat dit alleen op korte termijn helpt. Je voelt ze even niet, maar op lange termijn komen deze emoties toch weer naar boven. Het wegstoppen zorgt er juist voor dat deze emoties heftiger worden en je er dus meer onder lijdt.

Het is daarom belangrijk om deze emoties te leren toelaten. Dat kan je helpen. Het is namelijk begrijpelijk dat ze er zijn, want er is iets naars gebeurd. Deze emoties 'vertellen' je dat je pijn hebt en je naar voelt. Het is dus belangrijk om daar aandacht aan te besteden. Door deze emoties toe te laten voorkom je dat ze zich in jezelf opstapelen, waardoor je juist meer pijn lijdt. Ook neem je jezelf op die manier serieus.
Daarnaast is er nog een belangrijke reden om pijnlijke emoties te leren toelaten en te leren verdragen. Wat er namelijk gebeurt als je deze emoties weghoudt, is dat je zowel je pijnlijke emoties alsook je positieve emoties veel minder voelt. Daardoor hebben veel jongeren die iets naars hebben meegemaakt, moeite om een heleboel verschillende emoties te ervaren. Soms zeggen jongeren dat ze zich gevoelloos of leeg voelen. Het gevolg hiervan is dat je bijvoorbeeld niet meer in staat bent om te genieten van positieve dingen in het leven, zoals relaties en dingen die je onderneemt. Hoe is dat bij jou? Herken je dat ...?

Laat de jongere een moment uit haar eigen leven kiezen waarop zij probeerde om te vermijden dat ze van streek zou raken, en bespreek hoe effectief die vermijding was.

4. Omgaan met moeilijke situaties door het afwegen van voor- en nadelen

Een van de hoofddoelen van deze behandeling is het aanleren van vaardigheden in het omgaan met moeilijke emoties en situaties, zodat de jongere zich beter kan voelen en van relaties met anderen kan genieten. Een van de taken van de jongere en de therapeut is om vast te stellen wat de doelen van de jongere zijn en dan te bedenken wat er zou kunnen gebeuren terwijl er naar deze doelen toegewerkt wordt. Dit is vooral belangrijk wanneer een jongere een langetermijndoel kiest waarbij ze zich niet onmiddellijk goed zal voelen of niet meteen zal krijgen wat ze wil. De nadruk in deze Traprede ligt dus niet zozeer op het leren omgaan met moeilijke situaties op zich. Het gaat vooral om het nemen van de beslissing en de afweging of het gestelde doel het waard is om de moeilijke emoties te verdragen die de jongere wellicht gaat ervaren terwijl ze naar haar doel toewerkt.

Bespreek/lees met de jongere
Een van de hoofddoelen van jouw behandeling is het aanleren van verschillende oplossingsvaardigheden voor het omgaan met pijnlijke emoties en situaties. Wat je kan helpen is het leren toelaten en verdragen van deze emoties. In de eerste bijeenkomst heb je je een aantal doelen gesteld. Tijdens het werken aan deze doelen kun je moeilijke situaties en emoties tegenkomen. Staan daar doelen bij die lastig voor je zijn? Waar je over twijfelt? En die je het liefst wilt vermijden, omdat ze veel spanning oproepen?

Bespreek/lees met de jongere
Wat je kan helpen om te bepalen om wel of niet met dit doel aan de slag te gaan of een moeilijke situatie aan te gaan, is het afwegen van voor- en nadelen op korte en op lange termijn. Hierdoor wordt namelijk duidelijk waarom je een bepaald doel kiest en hierdoor kun je ook beter vast blijven houden aan dit doel en blijven doorzetten om dit doel te bereiken.
Stel dat je snel met woede reageert op moeilijke situaties. Boos worden kan erg opluchten, dus op korte termijn levert het je wat op. Op langere termijn kan het er echter voor zorgen dat je verder in de problemen komt in relaties (ouders, vrienden, leerkrachten, enz.).
Een ander voorbeeld: je bent bang voor een bepaalde situatie en je gaat deze situatie vermijden door bijvoorbeeld thuis te blijven. Op korte termijn zorgt dit voor opluchting, maar op lange termijn durf je steeds minder en wordt de drempel steeds hoger.

Bespreek het voorbeeld 'Lijst met voor- en nadelen' met de jongere.

Voorbeeld 'Lijst met voor- en nadelen'
Doel: open zijn over mijn emoties tegen Daan

Nadelen (wat zou het me kosten?):	Voordelen (wat zou het me opleveren?):
Ik zou me ongemakkelijk kunnen voelen.	Ik zal me minder eenzaam voelen als ik met hem praat.
Mijn emoties zouden gekwetst kunnen worden.	Het is echt leuk om bij hem te zijn.
Ik zou me stom of zenuwachtig kunnen voelen.	Ik zal iemand hebben om mee te praten als ik me slecht voel.
Ik zou kunnen denken aan momenten waarop ik gekwetst werd.	Het zou me het gevoel geven dat iemand om me geeft.

Bespreek daarna samen met de jongere een situatie die voor haar spanning oproept of beangstigend is geweest. Bij voorkeur een situatie passend bij een van haar doelen (werkblad 'Mijn persoonlijke doelen'). Vul samen met de jongere het werkblad 'Omgaan met moeilijke situaties' in. Bedenk samen met de jongere wat ze tegen zou kunnen komen wanneer ze aan haar doel werkt.

Wanneer je als behandelaar merkt dat er nog twijfels zijn over de behandeling, is het van belang om de voor- en nadelen hiervan af te wegen. Zijn het uiteindelijke doel (je beter voelen) en de bijbehorende pluspunten (bijv. je kunnen concentreren op school, beter met anderen kunnen opschieten) de moeite waard van het omgaan met de minpunten (bijv. praten over moeilijke dingen, veel spanning krijgen)?

5. Thuiswerkopdracht voorbespreken

- Thuiswerkblad 'Zelfobservatie emoties' twee keer per week invullen.
- Opschrijven van de voor- en nadelen van het omgaan met een moeilijke situatie door het thuiswerkblad 'Omgaan met moeilijke situaties' in te vullen.
- Dagelijks zelfzorg toepassen en twee keer per week zelfkalmering.
- Competentieactiviteit: de jongere dient de gekozen activiteit te oefenen.
- Thuiswerk bijhouden in het activiteitenoverzicht.

6. Aanpassen oplossingsvaardigheden en veiligheidsplan

Bespreek kort met de jongere welke oplossingsvaardigheden zij geleerd heeft tijdens de bijeenkomst. Voeg nieuwe vaardigheden toe aan het veiligheidsplan.

TRAPTREDE 5: OMGAAN MET MOEILIJKE SITUATIES DOOR HET AFWEGEN VAN VOOR- EN NADELEN   **47**

Werkblad Omgaan met moeilijke situaties

Bedenk welke voor- en nadelen het omgaan met een moeilijke situatie voor jou heeft, en vul deze hieronder in.

Beschrijf de situatie:	
Wat is je doel? Wat wil je?	
Voordelen *Wat zou het je kunnen opleveren?* *Wat zou fijn zijn?*	**Nadelen** *Wat zou er mis kunnen gaan? Wat zou moeilijk kunnen zijn?*
Korte termijn: Lange termijn:	Korte termijn: Lange termijn:
Is mijn doel het waard om met de nadelen te moeten omgaan? Mijn plan is om:	

Thuiswerkblad Zelfobservatie emoties

Beschrijf de komende week twee situaties waarin je een emotie hebt ervaren.

Zelfobservatie emoties				
Beschrijf een situatie.	Hoe voelde je je?	Hoe hevig was dat gevoel? Niet zo erg, een beetje, erg hevig: 0-10	Wat dacht je? Wat ging er door je hoofd?	Hoe ging je ermee om? Wat deed je?
Mijn moeder gaf me op mijn kop, omdat ik mijn kamer niet had opgeruimd.	geërgerd	een beetje (5)	Ik wou dat ze me met rust liet. Ze is zo bazig!	Ik ging naar mijn kamer en zette de radio aan.
–	–	–	–	–
–	–	–	–	–

TRAPTREDE 5: OMGAAN MET MOEILIJKE SITUATIES DOOR HET AFWEGEN VAN VOOR- EN NADELEN

Thuiswerkblad Omgaan met moeilijke situaties

Bedenk welke voor- en nadelen het omgaan met een moeilijke situatie voor jou heeft, en vul deze hieronder in.

Beschrijf de situatie:	
Wat is je doel? Wat wil je?	
Voordelen Wat zou het je kunnen opleveren? Wat zou fijn zijn?	**Nadelen** Wat zou er mis kunnen gaan? Wat zou moeilijk kunnen zijn?
Korte termijn: Lange termijn:	Korte termijn: Lange termijn:
Is mijn doel het waard om met de nadelen te moeten omgaan? Mijn plan is om:	

Activiteitenoverzicht
Vul in welke activiteiten je deze week hebt ondernomen.

activiteit	frequentie	ma	di	wo	do	vr	za	zo
thuiswerkblad 'Zelfobservatie emoties'	2 keer per week	ja/nee	ja/nee	ja/nee	ja/nee	ja/nee	ja/nee	ja/nee
thuiswerkblad 'Omgaan met moeilijke situaties'	1 keer per week	ja/nee	ja/nee	ja/nee	ja/nee	ja/nee	ja/nee	ja/nee
zelfkalmering	2 keer per week	ja/nee	ja/nee	ja/nee	ja/nee	ja/nee	ja/nee	ja/nee
zelfzorgactiviteit .... (vul in)	elke dag	ja/nee	ja/nee	ja/nee	ja/nee	ja/nee	ja/nee	ja/nee
competentieactiviteit .... (vul in)	1 keer per week	ja/nee	ja/nee	ja/nee	ja/nee	ja/nee	ja/nee	ja/nee

Veiligheidsplan

fase	waarschuwingssignalen: Wat voel je? Wat denk je? Wat doe je?	Wat helpt niet?	oplossingsvaardigheden: Wat helpt op het gebied van denken en doen?	Wat kunnen anderen doen?
groen				
oranje				
rood				

Actie in geval van nood:

Belangrijke telefoonnummers:

Telefoonnummer therapeut:

Traptrede 6:
Het reguleren van emoties door plezierige activiteiten

Benodigdheden

- ☐ vragenlijsten ten behoeve van de effectmeting
- ☐ een gespreksruimte met een tafel en voldoende zitplaatsen
- ☐ een whiteboard en stiften
- ☐ pen en papier

Rationale

▶ Uitbreiden van oplossingsvaardigheden in het omgaan met emoties door het leren toepassen van plezierige activiteiten

Programma

1. Invullen vragenlijsten
2. Thuiswerkopdracht nabespreken
3. Omgaan met moeilijke situaties
4. Oplossingsvaardigheid: plezierige activiteiten
5. Thuiswerkopdracht voorbespreken
6. Aanpassen oplossingsvaardigheden en veiligheidsplan

1. Invullen vragenlijsten

In het kader van het meten van de effectiviteit van de behandeling wordt aangeraden om bij het begin van iedere bijeenkomst een vragenlijst af te nemen om de voortgang van de behandeling op systematische wijze te meten en evalueren.

2. Thuiswerkopdracht nabespreken

Bespreek samen met de jongere de thuiswerkopdracht van afgelopen week.
- Neem het twee keer ingevulde thuiswerkblad 'Zelfobservatie emoties' door.
- Neem het thuiswerkblad 'Omgaan met moeilijke situaties' zorgvuldig door.
- Bespreek het activiteitenoverzicht en check daarbij of de jongere dagelijks zelfzorg en twee keer zelfkalmering heeft toegepast en één keer de gekozen competentieactiviteit heeft uitgevoerd.
- Bespreek eventuele praktische moeilijkheden of misverstanden betreffende de thuiswerkopdracht.

3. Omgaan met moeilijke situaties

Bespreek met de jongere het gebruik van oplossingsvaardigheden tussen de zittingen en de eventuele moeilijkheden. Bespreek in hoeverre deze oplossingsvaardigheden de jongere helpen. De jongere dient een recent voorbeeld te geven van een situatie waarin een van de oplossingsvaardigheden is gebruikt. Bespreek hoe dit helpt om minder van streek te zijn. Geef de jongere positieve feedback en moedig haar aan om deze oplossingsvaardigheden te blijven gebruiken.

Do's-and-don'ts
▶ *Als een jongere niet in staat is om een effectieve oplossing te bedenken, denk dan samen na over oplossingsvaardigheden. Bijvoorbeeld: als de jongere tegen haar zusje schreeuwt als ze boos is op een vriendin, help haar dan om een of twee oplossingsvaardigheden te bedenken. Moedig de jongere aan om deze vaardigheden te oefenen in de periode tussen de bijeenkomsten in.*

4. Oplossingsvaardigheid: plezierige activiteiten

Bespreek/lees met de jongere
Op dit moment ben je hard aan het oefenen met het aangaan van voor jou lastige situaties. Je hebt al een aantal vaardigheden geleerd om om te gaan met de gevoelens en gedachten die deze lastige situaties oproepen. Vandaag gaan we hiermee verder en ga je leren hoe je hierbij plezierige activiteiten kunt gebruiken. Als je moeilijke dingen doet, is het ook belangrijk om jezelf te belonen. Positieve activiteiten zullen je helpen om meer positieve gevoelens te ervaren, waardoor je je fijner voelt. We gaan nu samen naar het opdrachtblad 'Plezierige activiteiten' kijken. Jij mag aankruisen welke activiteiten jou kunnen helpen om jezelf te belonen en om je beter te voelen.

Geef het werkblad 'Lijst plezierige activiteiten' aan de jongere. Laat de jongere alle activiteiten omcirkelen die zij momenteel minstens eenmaal per week onderneemt. De jongere mag ook activiteiten onderstrepen die zij momenteel niet onderneemt, maar die zij graag zou willen uitproberen. Meestal maken jongeren een lijst waarop ten minste drie plezierige activiteiten staan (zoals naar muziek luisteren, sporten of met hun huisdier spelen) die ze in hun dagelijks leven kunnen gebruiken om stress en emoties te verminderen. Onder aan het werkblad kan de jongere activiteiten toevoegen die nog niet op de lijst staan.

Als de lijst compleet is, bespreek dan de omcirkelde items en of ze de jongere hebben geholpen. Een jongere zou bijvoorbeeld kunnen zeggen: 'Als ik mijn emoties opschrijf in een dagboek, begrijp ik ze beter en word ik rustiger.' De jongere kan de lijst van activiteiten in de loop van de behandeling verder uitbreiden. Grijp in latere zittingen terug op de lijst om te bepalen welke activiteiten de jongere elke week actief gebruikt en wat de voordelen daarvan zijn.

5. Thuiswerkopdracht voorbespreken

- Instrueer de jongere om het thuiswerkblad 'Zelfobservatie emoties' twee keer per week te blijven invullen.
- Vraag de jongere de komende week drie plezierige activiteiten uit te proberen die ze uit de lijst heeft gekozen.

- Herinner de jongere eraan om dagelijks zelfzorg en twee keer per week zelfkalmering toe te passen.
- Bekwaamheid en competentie (persoonlijk doel): de jongere dient de gekozen competentieactiviteit te oefenen.
- Vraag de jongere om het thuiswerk bij te houden in het activiteitenoverzicht.

6. Aanpassen oplossingsvaardigheden en veiligheidsplan.

Bespreek kort met de jongere welke oplossingsvaardigheden zij geleerd heeft tijdens de bijeenkomst. Voeg nieuwe vaardigheden toe aan het veiligheidsplan.

Werkblad Lijst plezierige activiteiten

Vink aan welke plezierige activiteiten je zou kunnen uitproberen en voeg zelf activiteiten toe:

- ☐ koffiedrinken
- ☐ uit eten gaan
- ☐ tennissen
- ☐ zoenen
- ☐ naar het theater gaan of een concert bijwonen
- ☐ dagdromen
- ☐ plannen maken voor opleiding
- ☐ televisiekijken
- ☐ fietstocht maken
- ☐ cadeaus kopen
- ☐ in het bos wandelen
- ☐ skaten
- ☐ basketballen
- ☐ iets afmaken
- ☐ naar een evenement kijken
- ☐ fotograferen
- ☐ grasmaaien
- ☐ aan plezierige dingen denken
- ☐ schoonmaken
- ☐ dansen
- ☐ in je dagboek schrijven
- ☐ volleyballen
- ☐ kaarten
- ☐ hond uitlaten
- ☐ raadsels oplossen
- ☐ foto's bekijken of laten zien
- ☐ poolen
- ☐ jezelf mooi aankleden, er goed uitzien
- ☐ leuke dingen voor jezelf kopen
- ☐ telefoongesprek voeren
- ☐ kaarsen aansteken
- ☐ freerunnen
- ☐ naar de radio luisteren
- ☐ je laten masseren
- ☐ denken over je goede eigenschappen
- ☐ naar de sauna gaan
- ☐ een boek of tijdschrift kopen
- ☐ breien of haken
- ☐ van school naar huis gaan
- ☐ softbal spelen
- ☐ bowlen
- ☐ fantaseren over de toekomst
- ☐ op een terras zitten
- ☐ debatteren
- ☐ je kamer veranderen
- ☐ bedenken dat je iemand bent die zich kan redden
- ☐ iets nieuws doen
- ☐ in de zon zitten
- ☐ naar een feest gaan
- ☐ in de tuin werken
- ☐ zingen
- ☐ eten koken
- ☐ boomhut maken
- ☐ een kaart schrijven
- ☐ joggen
- ☐ naar de film gaan
- ☐ bij je vriend/vriendin zijn
- ☐ zwemmen
- ☐ iets lekkers eten
- ☐ in bad gaan
- ☐ sieraden maken
- ☐ lunchen
- ☐ afspreken met een vriend(in)
- ☐ schilderen
- ☐ naar het museum gaan
- ☐ gamen
- ☐ series kijken
- ☐ voetballen
- ☐ longboarden
- ☐ met huisdier knuffelen
- ☐ oppassen op kinderen
- ☐ theedrinken
- ☐ opruimen
- ☐ hardlopen
- ☐ een cake of taart bakken
- ☐ kleding passen
- ☐ nagels lakken
- ☐ douchen
- ☐ appen met een vriend(in)
- ☐ vakantieplannen maken
- ☐ puzzelen
- ☐ ....
- ☐ ....
- ☐ ....
- ☐ ....

Thuiswerkblad Zelfobservatie emoties

Beschrijf de komende week twee situaties waarin je een emotie hebt ervaren.

Zelfobservatie emoties				
Beschrijf een situatie.	Hoe voelde je je?	Hoe hevig was dat gevoel? Niet zo erg, een beetje, erg hevig: 0-10	Wat dacht je? Wat ging er door je hoofd?	Hoe ging je ermee om? Wat deed je?
Mijn moeder gaf me op mijn kop, omdat ik mijn kamer niet had opgeruimd.	geërgerd	een beetje (5)	Ik wou dat ze me met rust liet. Ze is zo bazig!	Ik ging naar mijn kamer en zette de radio aan.
-	-	-	-	-
-	-	-	-	-

Activiteitenoverzicht

Vul in welke activiteiten je deze week hebt ondernomen.

activiteit	frequentie	ma	di	wo	do	vr	za	zo
thuiswerkblad 'Zelf-observatie emoties'	2 keer per week	ja/nee	ja/nee	ja/nee	ja/nee	ja/nee	ja/nee	ja/nee
plezierige activiteit	3 keer per week	ja/nee	ja/nee	ja/nee	ja/nee	ja/nee	ja/nee	ja/nee
zelfkalmering	2 keer per week	ja/nee	ja/nee	ja/nee	ja/nee	ja/nee	ja/nee	ja/nee
zelfzorgactiviteit .... (vul in)	elke dag	ja/nee	ja/nee	ja/nee	ja/nee	ja/nee	ja/nee	ja/nee
competentieactiviteit .... (vul in)	1 keer per week	ja/nee	ja/nee	ja/nee	ja/nee	ja/nee	ja/nee	ja/nee

Veiligheidsplan

fase	waarschuwings-signalen: Wat voel je? Wat denk je? Wat doe je?	Wat helpt niet?	oplossingsvaardigheden: Wat helpt op het gebied van denken en doen?	Wat kunnen anderen doen?
groen				
oranje				
rood				

Actie in geval van nood:

Belangrijke telefoonnummers:

Telefoonnummer therapeut:

Traptrede 7: Het reguleren van emoties door gebruik van positieve beelden

Benodigdheden

- ☐ vragenlijsten ten behoeve van de effectmeting
- ☐ een gespreksruimte met een tafel en voldoende zitplaatsen
- ☐ een whiteboard en stiften
- ☐ pen en papier
- ☐ groot stuk papier
- ☐ schaar
- ☐ lijmstift
- ☐ kleurrijke tijdschriften
- ☐ viltstiften

Rationale

▶ Uitbreiden van oplossingsvaardigheden door te leren focussen op positieve beelden
▶ Positieve beelden gebruiken ter bevordering van positieve gevoelens

Programma

1. Invullen vragenlijsten
2. Thuiswerkopdracht nabespreken
3. Oplossingsvaardigheid: positieve beelden
4. Thuiswerkopdracht voorbespreken
5. Aanpassen oplossingsvaardigheden en veiligheidsplan

1. Invullen vragenlijsten

In het kader van het meten van de effectiviteit van de behandeling wordt aangeraden om bij het begin van iedere bijeenkomst een vragenlijst af te nemen om de voortgang van de behandeling op systematische wijze te meten en evalueren.

2. Thuiswerkopdracht nabespreken

Bespreek samen met de jongere de thuiswerkopdracht van afgelopen week.
- Neem het twee keer ingevulde thuiswerkblad 'Zelfobservatie emoties' door.
- Bespreek de drie plezierige activiteiten die ondernomen zijn door de jongere.
- Bespreek het activiteitenoverzicht en check daarbij of de jongere dagelijks zelfzorg en twee keer zelfkalmering heeft toegepast en één keer de gekozen competentieactiviteit heeft uitgevoerd.
- Bespreek eventuele praktische moeilijkheden of misverstanden betreffende de thuiswerkopdracht.

3. Oplossingsvaardigheid: positieve beelden

Bespreek/lees met de jongere

Een prettige manier van omgaan met stress is het gebruik van positieve beelden. Positieve beelden kunnen plezierige plaatjes zijn van mensen, plaatsen, dingen of woorden die je een goed gevoel geven. Wanneer mensen van streek raken of zenuwachtig zijn, hebben ze vaak last van nare gedachten waardoor ze zich nog slechter gaan voelen. Het denken aan positieve, rustgevende beelden zorgt voor verlaging van stress, meer positieve emoties en voor een ontspannen of kalm gevoel. Het kan lastig zijn voor mensen om zelf positieve beelden te bedenken, daarom gaan we vandaag een collage maken met positieve beelden. Deze kun je gebruiken als steun om positieve emoties te ervaren en je te ontspannen. Als de collage klaar is, kun je bedenken waar je deze wilt ophangen/neerleggen.

Laat de jongere een collage maken van positieve beelden. Leg uit dat de jongere verschillende materialen (plaatjes, symbolen, teksten, foto's, etc.) mag uitkiezen die zorgen voor een goed gevoel. Het mogen ook plaatjes zijn die symbool staan voor iets wat de jongere leuk vindt. De materialen mag de jongere op het vel plakken. Sommige jongeren knippen woorden, zinnen of titels uit om hun gedachten en gevoelens te delen.

> **Do's-and-don'ts**
> ▶ Jongeren met een traumageschiedenis zijn soms geneigd om te focussen op negatieve beelden en kunnen nare of enge plaatjes uitkiezen voor de collage. In dat geval kan de therapeut de jongere eraan herinneren dat het belangrijk is om over deze enge plaatjes te praten, maar dat het doel van deze activiteit is om zich alleen op beelden te richten die een goed gevoel geven.
> ▶ Stel vragen aan de jongeren, zoals 'Wat geeft je motivatie?', 'Wie zou je willen zijn?', 'Wat vind je leuk?', 'Waar houd je van?', of 'Welk leven zou je willen leiden?'
> ▶ Keur de gekozen plaatjes of teksten niet af – bijvoorbeeld wanneer je als therapeut denkt dat het niet passend is (bijv. drugs/alcohol) –, maar vraag de jongere waarom zij voor dit plaatje gekozen heeft.
> ▶ Het is van belang om met de collage te starten in de sessie. Sommige jongeren zullen de collage afkrijgen in de sessie, anderen niet. De jongere kan de collage dan thuis afmaken. Van belang is om de collage met de jongere naderhand te bespreken. Laat de jongere de collage, wanneer deze klaar is, dateren en ondertekenen.

4. Thuiswerkopdracht voorbespreken

- Introduceer bij de jongere het thuiswerkblad 'Zelfobservatie emotie en gedrag'. Leg aan de jongere uit dat dit werkblad ten opzichte van de vorige sessies anders is opgebouwd en is uitgebreid. Er is in dit werkblad meer focus op het gebruik van oplossingsvaardigheden. Laat de jongere dit thuiswerkblad twee keer per week invullen.
- Drie plezierige activiteiten uit de lijst kiezen en uitproberen.
- Dagelijks zelfzorg toepassen en twee keer per week zelfkalmering toepassen.
- Competentieactiviteit: de jongere dient de gekozen activiteit te oefenen.
- Thuiswerk bijhouden in het activiteitenoverzicht.
- Indien nodig kan de jongere de collage thuis afmaken.

5. Aanpassen oplossingsvaardigheden en veiligheidsplan.

Bespreek kort met de jongere welke oplossingsvaardigheden zij geleerd heeft tijdens de bijeenkomst. Voeg nieuwe vaardigheden toe aan het veiligheidsplan.

TRAPTREDE 7: HET REGULEREN VAN EMOTIES DOOR GEBRUIK VAN POSITIEVE BEELDEN 59

Thuiswerkblad Zelfobservatie emotie en gedrag

Beschrijf de komende week twee situaties waarin je een emotie hebt ervaren, met de focus op positieve oplossingsvaardigheden die helpen (gedrag).

Zelfobservatie emotie en gedrag						
1	2	3	4	5	6	7
Beschrijf een situatie *Wat gebeurde er? Wie waren erbij? Waar was je?*	Hoe voelde je je en hoe heftig was het gevoel (0-10)?	Wat zei je of deed je?	Hoe reageerde de ander?	Hoe voelde je je daarna?	Wat waren de gevolgen van jouw gedrag? Heb je je doel bereikt?	Had je iets anders willen doen? En zo ja, wat dan?
–	–	–	–	–	–	–
–	–	–	–	–	–	–

Activiteitenoverzicht

Vul in welke activiteiten je deze week hebt ondernomen.

activiteit	frequentie	ma	di	wo	do	vr	za	zo
thuiswerkblad 'Zelf-observatie emotie en gedrag'	2 keer per week	ja/nee	ja/nee	ja/nee	ja/nee	ja/nee	ja/nee	ja/nee
plezierige activiteiten	3 keer per week	ja/nee	ja/nee	ja/nee	ja/nee	ja/nee	ja/nee	ja/nee
zelfkalmering	2 keer per week	ja/nee	ja/nee	ja/nee	ja/nee	ja/nee	ja/nee	ja/nee
zelfzorgactiviteit .... (vul in)	elke dag	ja/nee	ja/nee	ja/nee	ja/nee	ja/nee	ja/nee	ja/nee
competentieactiviteit .... (vul in)	1 keer per week	ja/nee	ja/nee	ja/nee	ja/nee	ja/nee	ja/nee	ja/nee
collage afmaken	ja/nee							

Veiligheidsplan

fase	waarschuwings-signalen: Wat voel je? Wat denk je? Wat doe je?	Wat helpt niet?	oplossingsvaardigheden: Wat helpt op het gebied van denken en doen?	Wat kunnen anderen doen?
groen				
oranje				
rood				

Actie in geval van nood:

Belangrijke telefoonnummers:

Telefoonnummer therapeut:

Traptrede 8:
De relatie tussen emoties en (negatieve) zelfspraak

Benodigdheden

- ☐ vragenlijsten ten behoeve van de effectmeting
- ☐ een gespreksruimte met een tafel en voldoende zitplaatsen
- ☐ een whiteboard en stiften
- ☐ pen en papier

Rationale

▶ Uitbreiden van oplossingsvaardigheden door het leren herkennen en beïnvloeden van negatieve zelfspraak

Programma

1. Invullen vragenlijsten
2. Thuiswerkopdracht nabespreken
3. Psycho-educatie over negatieve zelfspraak
4. Oplossingsvaardigheden negatieve zelfspraak
5. Thuiswerkopdracht voorbespreken
6. Aanpassen oplossingsvaardigheden en veiligheidsplan

1. Invullen vragenlijsten

In het kader van het meten van de effectiviteit van de behandeling wordt aangeraden om bij het begin van iedere bijeenkomst een vragenlijst af te nemen om de voortgang van de behandeling op systematische wijze te meten en evalueren.

2. Thuiswerkopdracht nabespreken

Bespreek samen met de jongere de thuiswerkopdracht van afgelopen week.
- Neem het twee keer ingevulde thuiswerkblad 'Zelfobservatie emotie en gedrag' door.
- Bespreek de drie plezierige activiteiten die de jongere heeft ondernomen.
- Bespreek het activiteitenoverzicht en check daarbij of de jongere dagelijks zelfzorg en twee keer zelfkalmering heeft toegepast en één keer de gekozen competentieactiviteit heeft uitgevoerd.
- Bespreek de collage indien die door de jongere thuis is afgemaakt.
- Bespreek eventuele praktische moeilijkheden of misverstanden betreffende de thuiswerkopdracht.

3. Psycho-educatie over negatieve zelfspraak

Bespreek/lees met de jongere
Als je in een moeilijke situatie zit, kun je negatieve dingen tegen jezelf zeggen, waardoor je je slechter gaat voelen. Als je je slechter voelt, krijg je nog meer negatieve gedachten. Dit hebben we ook in bijeenkomst 4 besproken. Als je erg van streek bent, is het moeilijk om nog helder te kunnen nadenken. Je kunt jezelf dan bijvoorbeeld onterecht de schuld geven van dingen of zeer nare dingen tegen jezelf zeggen die niet kloppen. Dit noemen we negatieve zelfspraak. Deze zelfspraak zorgt voor negatieve gevoelens. Dit betekent dat wanneer je je gedachten verandert, je je ook beter gaat voelen.

Laten we eens een voorbeeld bespreken. Als de ene jongere een onvoldoende haalt op een toets op school, kan hij zichzelf dom vinden en erg van streek raken. Vervolgens denkt hij 'bij mij gaat ook altijd alles mis', waardoor hij zich nog slechter gaat voelen. Een andere jongere, die op dezelfde toets ook een onvoldoende haalt, haalt zijn schouders op en gaat ervan uit dat het de volgende keer wel gaat lukken om een voldoende te halen. Deze laatste jongere zal dus minder van streek zijn dan de jongere die zichzelf dom vindt.

Welke situatie van kort geleden maakte jou van streek? Wat dacht je toen over jezelf? Wat dacht je dat anderen zouden denken? Wat dacht je nog meer? Vertel eens ...

Vul samen met de jongere kolom 1, 2 en 3 in op het werkblad 'Zelfobservatie zelfspraak'. Help de jongere om zoveel mogelijk gedachten te genereren, en focus op de zelfspraak en welk effect deze zelfspraak op haar heeft/had; hielp die zelfspraak of niet?

4. Oplossingsvaardigheden negatieve zelfspraak

Bespreek/lees met de jongere
In deze bijeenkomst ga je leren hoe je deze negatieve zelfspraak kunt beïnvloeden. In bijeenkomst 4 zijn we hier al mee begonnen. We oefenden toen met positieve zelfspraak en gedachten stoppen en aandacht verleggen. Weet je nog?
Daarnaast heb je al een aantal andere oplossingsvaardigheden geleerd, zoals aandachtig ademhalen, het kalmeren via zintuigen en het doen van plezierige activiteiten. Deze kunnen je ook helpen om minder last te hebben van je negatieve zelfspraak en/of negatieve emoties.

Vandaag gaan we er nog een vaardigheid bijleren. Deze kan je helpen om je negatieve zelfspraak te verminderen.

Ten eerste wordt geoefend met het zoeken naar bewijzen die de negatieve zelfspraak bevestigen. Bespreek dat het belangrijk is om te onderzoeken of deze wel of niet realistisch is. Gebruik het werkblad 'Zelfobservatie zelfspraak' dat de jongere heeft ingevuld. Laat de jongere hierover nadenken en daag haar aan de hand van doorvragen uit om te komen met concreet bewijs. Laat de jongere kolom 4 invullen.

Bespreek/lees met de jongere
Om te onderzoeken of je gedachten wel of niet kloppen, kun je op zoek gaan naar concrete bewijzen voor deze gedachten. Je kunt jezelf dan de volgende vragen stellen:
- *Klopt die gedachte inderdaad?*
- *Hoe weet je dat het waar is?*
- *Wat zou een vriendin tegen jou zeggen als ze jou zo zou horen denken?*

> **Do's-and-don'ts**
> ▶ Als de jongere moeite heeft met het zoeken naar bewijzen, bespreek dan voorbeelden. Zoals: 'Als een meisje niet wordt uitgenodigd voor een feestje, kan ze gaan denken dat niemand haar aardig vindt, ook al heeft ze een heleboel vrienden en vriendinnen. Misschien werd het meisje niet uitgenodigd, omdat het een klein feestje was en een heleboel meisjes niet werden uitgenodigd. Of omdat het feestje anders te duur zou worden of iets dergelijks.'
> ▶ Let bij het zoeken naar bewijzen op patronen waarbij de jongere gebruikmaakt van overgeneralisatie (conclusies op basis van een of twee situaties). Aan de jongere zou dan genoemd kunnen worden: 'Soms zijn jongeren geneigd om alleen te letten op de nare dingen die gebeuren. Ze vergeten dan de goede dingen die in een soortgelijke situatie ook zijn gebeurd. Als een meisje bijvoorbeeld een 5 krijgt voor een toets, kan ze gaan denken dat ze dom is, ook al krijgt ze voor andere toetsen een 6 of een 7.' Help de jongere om andere redenen te bedenken voor het feit dat er iets naars is gebeurd. Bijvoorbeeld: 'Zou er nog een andere reden kunnen zijn dat dat meisje een 5 kreeg voor haar toets? Het zou ook kunnen zijn dat de toets veel moeilijker was dan andere toetsen.'

Ten tweede wordt geoefend met het gebruik van positieve zelfspraak. Leg uit dat het nuttig is om tegenover een negatieve gedachte een positieve gedachte te stellen. Oefen met het gebruik van positieve zelfspraak met behulp van het voorbeeld van de jongere op het werkblad 'Zelfobservatie zelfspraak'. Laat de jongere kolom 5 invullen. Het helpt om er het werkblad 'Positieve zelfspraak', uit bijeenkomst 4, bij te pakken en de jongere dit nogmaals door te laten nemen.

> **Do's-and-don'ts**
> ▶ Als de jongere in negatieve zelfspraak vervalt, moedig haar dan aan om iets positiefs over zichzelf te bedenken. Als de jongere bijvoorbeeld noemt dat zij onlangs het eten heeft laten aanbranden en zij daarom concludeert dat ze niks kan, kun je haar aanmoedigen door haar te laten bedenken waar ze wél goed in is. Misschien kan ze haar gedachte veranderen in: 'Het eten koken is laatst niet gelukt, maar ik ben wel goed in zingen en schilderen.'

De derde manier om negatieve zelfspraak te beïnvloeden, is het gebruik van oplossingsvaardigheden die in eerdere bijeenkomsten besproken en geoefend zijn, zoals aandachtig ademhalen, het kalmeren via zintuigen en het doen van plezierige activiteiten. Bespreek de oplossingsvaardigheden die in eerdere zittingen met de jongere zijn besproken. Moedig de jongere aan om zoveel mogelijk gebruik te maken van de oplossingsvaardigheden die voor haar het effectiefst zijn.

5. Thuiswerkopdracht voorbespreken

- Thuiswerkblad 'Zelfobservatie zelfspraak' twee keer per week invullen, met de focus op positieve zelfspraak.
- Drie plezierige activiteiten uit de lijst kiezen en uitproberen.
- Dagelijks zelfzorg toepassen en twee keer per week zelfkalmering toepassen.
- Competentieactiviteit: de jongere dient de gekozen activiteit te oefenen.
- Thuiswerk bijhouden in het activiteitenoverzicht.

6. Aanpassen oplossingsvaardigheden en veiligheidsplan

Bespreek kort met de jongere welke oplossingsvaardigheden zij geleerd heeft tijdens de bijeenkomst. Voeg nieuwe vaardigheden toe aan het veiligheidsplan.

Werkblad Zelfobservatie zelfspraak

Beschrijf een situatie van afgelopen week waarin je van streek was, en let daarbij op je zelfspraak.

Zelfobservatie zelfspraak				
1	2	3	4	5
Beschrijf een situatie.	Hoe voelde je je en hoe heftig was het gevoel (0-10)?	Wat dacht je of zei je tegen jezelf Wat ging er door je hoofd?	Kloppen deze gedachten? Zoek de bewijzen. Hoe weet je dat het waar is? Wat zou een vriendin tegen jou zeggen?	Was je tevreden? Zo nee, welke vaardigheden had je kunnen inzetten Positieve zelfspraak en oplossingsvaardigheden
Ik heb een belangrijke scheikundetoets.	Bezorgd. 8	Ik ga alles vergeten wat ik heb geleerd.	Je haalt altijd voldoendes met scheikunde.	Ik was niet tevreden. Ik had me kunnen herinneren dat ik eerder een toets goed had gemaakt terwijl ik zenuwachtig was.
–	–	–	–	–

Thuiswerkblad Zelfobservatie zelfspraak

Beschrijf de komende week twee situaties waarin je van streek was, en focus daarbij op positieve zelfspraak.

Zelfobservatie zelfspraak				
1	2	3	4	5
Beschrijf een situatie.	Hoe voelde je je en hoe heftig was het gevoel (0-10)?	Wat dacht je of zei je tegen jezelf Wat ging er door je hoofd?	Kloppen deze gedachten? Zoek de bewijzen. Hoe weet je dat het waar is? Wat zou een vriendin tegen jou zeggen?	Was je tevreden? Zo nee, welke vaardigheden had je kunnen inzetten Positieve zelfspraak en oplossingsvaardigheden
Ik heb een belangrijke scheikundetoets.	Bezorgd. 8	Ik ga alles vergeten wat ik heb geleerd.	Je haalt altijd voldoendes met scheikunde.	Ik was niet tevreden. Ik had me kunnen herinneren dat ik eerder een toets goed had gemaakt terwijl ik zenuwachtig was.
–	–	–	–	–
–	–	–	–	–

Activiteitenoverzicht

Vul in welke activiteiten je deze week hebt ondernomen.

activiteit	frequentie	ma	di	wo	do	vr	za	zo
thuiswerkblad 'Zelfobservatie zelfspraak'	2 keer per week	ja/nee	ja/nee	ja/nee	ja/nee	ja/nee	ja/nee	ja/nee
plezierige activiteiten	3 keer per week	ja/nee	ja/nee	ja/nee	ja/nee	ja/nee	ja/nee	ja/nee
zelfkalmering	2 keer per week	ja/nee	ja/nee	ja/nee	ja/nee	ja/nee	ja/nee	ja/nee
zelfzorgactiviteit .... (vul in)	elke dag	ja/nee	ja/nee	ja/nee	ja/nee	ja/nee	ja/nee	ja/nee
competentieactiviteit .... (vul in)	1 keer per week	ja/nee	ja/nee	ja/nee	ja/nee	ja/nee	ja/nee	ja/nee

Veiligheidsplan

fase	waarschuwingssignalen: Wat voel je? Wat denk je? Wat doe je?	Wat helpt niet?	oplossingsvaardigheden: Wat helpt op het gebied van denken en doen?	Wat kunnen anderen doen?
groen				
oranje				
rood				

Actie in geval van nood:

Belangrijke telefoonnummers:

Telefoonnummer therapeut:

Traptrede 9: Vaardigheden voor duidelijke communicatie

Benodigdheden

- ☐ vragenlijsten ten behoeve van de effectmeting
- ☐ een gespreksruimte met een tafel en voldoende zitplaatsen
- ☐ een whiteboard en stiften
- ☐ pen en papier

Rationale

▶ Uitbreiden van interpersoonlijke vaardigheden door het leren toepassen van effectieve communicatiestrategieën

Programma

1. Invullen vragenlijsten
2. Thuiswerkopdracht nabespreken
3. Vaardigheden voor duidelijke communicatie
4. Thuiswerkopdracht voorbespreken
5. Aanpassen oplossingsvaardigheden en veiligheidsplan

1. Invullen vragenlijsten

In het kader van het meten van de effectiviteit van de behandeling wordt aangeraden om bij het begin van iedere bijeenkomst een vragenlijst af te nemen om de voortgang van de behandeling op systematische wijze te meten en evalueren.

2. Thuiswerkopdracht nabespreken

- Bespreek samen met de jongere de thuiswerkopdracht van afgelopen week.
- Bespreek het twee keer ingevulde thuiswerkblad 'Zelfobservatie zelfspraak'.
- Bespreek de drie plezierige activiteiten die ondernomen zijn door de jongere.
- Bespreek het activiteitenoverzicht en check daarbij of de jongere dagelijks zelfzorg en twee keer zelfkalmering heeft toegepast en één keer de gekozen competentieactiviteit heeft uitgevoerd.
- Bespreek eventuele praktische moeilijkheden of misverstanden betreffende de thuiswerkopdracht.

3. Vaardigheden voor duidelijke communicatie

Introduceer vaardigheden voor duidelijke communicatie.

Bespreek/lees met de jongere

Jongeren die traumatische gebeurtenissen hebben meegemaakt, vinden het soms moeilijk om relaties met anderen aan te gaan of om bijvoorbeeld vriendschappen te onderhouden. Dat is ook begrijpelijk, omdat je daarin waarschijnlijk vaak teleurgesteld bent. We hebben dit eerder besproken tijdens bijeenkomst 1. Een van de hoofddoelen van deze behandeling is om je relaties met anderen te verbeteren. Vandaag ga je vaardigheden leren om de communicatie met anderen te verbeteren. Dat kan ervoor zorgen dat relaties met anderen prettiger verlopen.

De drie vaardigheden van vandaag zijn:
1. **ik**-boodschap
2. **nee**-zeggen
3. **iets** verzoeken

We gaan ze een voor een bespreken met verschillende oefenopdrachten.

Eerst staan we stil bij de grondrechten die je hebt als persoon.

Bespreek, met behulp van werkblad 'Persoonlijke grondrechten', dat iedere jongere rechten heeft in het communiceren met anderen. Die grondrechten kunnen de jongere helpen om de vaardigheden voor duidelijke communicatie uit te kunnen voeren.

Bespreek de 'ik-boodschap' met de jongere.

De ik-boodschap

Bespreek/lees met de jongere

De eerste vaardigheid om datgene wat je wilt zeggen krachtiger te maken, is de ik-boodschap. Deze boodschap helpt je om aan een ander duidelijk te maken welk effect zijn of haar gedrag op je heeft. Ik-boodschappen kunnen zowel worden gebruikt om plezierige als om nare gevoelens te delen. Het doel van een ik-boodschap is om te focussen op wat er bij jou gebeurt als gevolg van andermans gedrag, in plaats van die persoon te beschuldigen. Door te zeggen welk effect bepaald gedrag op jou heeft, geef je de ander minder het gevoel dat hij of zij wordt aangevallen. Daarbij is het belangrijk om een aantal stappen te volgen.
Een ik-boodschap bestaat uit drie delen: het gedrag van de ander, jouw gevoel daarbij en de consequentie van het gedrag van de ander.

Bekijk en bespreek onderstaand schema met de jongere.

Gedrag	Gevoel	Consequentie
Wat gebeurt er om je heen? Wat doet de ander?	Hoe voel je je door het gedrag van de andere persoon?	Wat is daarvan de consequentie?
Als jij / Toen jij	Voel ik me	Omdat ik

Neem onderstaande voorbeelden met de jongere door.

Bespreek/lees met de jongere
- 'Toen je mij niet ophaalde, voelde ik me gefrustreerd, omdat ik daardoor mijn afspraak miste.'
- 'Toen je tegen mij loog over het breken van de vaas, voelde ik me boos, omdat ik erdoor in de problemen kwam.'
- 'Toen je me uitnodigde om naar de bioscoop te gaan, voelde ik me blij, omdat ik dan tijd met je kon doorbrengen.'

Vraag aan de jongere in welke recente situatie zij een ik-boodschap had kunnen gebruiken en op welke manier ze de ik-boodschap had kunnen geven. Speel deze situatie na, waarbij de jongere oefent met de ik-boodschap. Geef de jongere daarna feedback hoe zij dit zo effectief mogelijk kan doen.

Nee-zeggen

Bespreek/lees met de jongere
De tweede vaardigheid om de communicatie met anderen te verbeteren, is nee-zeggen. Voor veel jongeren die traumatische gebeurtenissen hebben meegemaakt kan het, mede door negatieve zelfspraak, lastig zijn om 'nee' te zeggen. Dit kan bijvoorbeeld voortkomen uit angst voor wat de ander over hen zal denken of de angst om afgewezen te worden. Herken je dat?

In gevallen waarbij je de relatie met de ander niet wilt behouden, is het prima om 'nee, dank je' te zeggen op een respectvolle, krachtige toon.

Als de andere persoon aandringt, herhaal dan je antwoord, terwijl je oogcontact houdt en je stem iets luider laat klinken. Een handige techniek voor het omgaan met iemand die geen 'nee' wil accepteren is de techniek van 'blijven herhalen'. Zo kan je eenvoudigweg je antwoord steeds opnieuw herhalen zonder terug te krabbelen of afgeleid te worden door andere zaken.

Een voorbeeld: als een verkoper je bijvoorbeeld blijft lastigvallen, omdat hij wil dat je een spijkerbroek koopt die je niet wilt hebben, kun je blijven zeggen: 'Ik begrijp wat u zegt, maar ik heb geen interesse.'

Vraag vervolgens aan de jongere in welke recente situatie zij 'nee' had kunnen zeggen en op welke manier ze dat had kunnen doen. Oefen dit in de zitting met een rollenspel.

Iets verzoeken

Bespreek/lees met de jongere

De derde en laatste vaardigheid die je kunt gebruiken in de relatie met een ander heet 'iets verzoeken'. Veel jongeren die een traumatische of stressvolle gebeurtenis hebben meegemaakt, vinden het moeilijk een ander iets te vragen wanneer ze iets nodig hebben.
Er zijn vier punten die je kunnen helpen om te vragen wat je in een bepaalde situatie nodig hebt, namelijk: doel, persoon, tijdstip en verzoek, oftewel DPTV.

'D': Bij het **doel** vraag je je af: Wat wil ik of heb ik nodig? Probeer zo precies mogelijk te zijn, zodat je je verzoek duidelijk aan de andere persoon kunt voorleggen.

'P': Bij **persoon** vraag je je af: Aan wie zou ik dat moeten vragen? Het is belangrijk om je vraag te stellen aan iemand die iets kan doen om te helpen in een situatie of er iets aan kan veranderen, of die je kan helpen om je je beter te doen voelen (iemand die je kan helpen om te kalmeren).

'T': Bij het **tijdstip** stel je jezelf de vraag: Wanneer zou ik dat moeten vragen? Is het een noodgeval, of kan het wachten? Als je iets wilt (bijvoorbeeld dat iemand iets uit een andere kamer voor je haalt of iets te eten voor je maakt), is de kans groot dat je beter even kunt wachten als dat nodig is. Aan de andere kant zijn er soms belangrijke dingen die je nodig hebt (bijvoorbeeld de klas uit mogen als je misselijk bent). In die gevallen is het gepast om daar meteen om te vragen.

'V': Als laatste bedenk je het **verzoek**: Wát zou ik kunnen zeggen? Als je om iets verzoekt, probeer dan te bedenken hoe je je vraag zo eenvoudig mogelijk zou kunnen stellen. Vergeet niet om ik-boodschappen te gebruiken ('Ik zou graag ...' in plaats van 'Jij moet ...'), noem de naam van de persoon en maak oogcontact. Denk eraan: als je duidelijk om iets vraagt, betekent dit niet dat je het dan ook krijgt, maar het is hoogst onwaarschijnlijk dat je zult krijgen wat je wilt als je er niet om vraagt.

Bespreek met de jongere de volgende situatie: stel je voor dat je in de klas zit en je net beseft dat je die ochtend je tas buiten hebt laten liggen. Wat is je doel? Aan wie zou je dat moeten vragen? Wanneer? Wat zou je kunnen zeggen?'

4. Thuiswerkopdracht voorbespreken

- Werkblad 'Zelfobservatie zelfspraak' twee keer per week invullen, met de focus op positieve zelfspraak.
- Thuiswerkblad 'Duidelijke communicatie' invullen. Maak bij het invullen van dit thuiswerkblad gebruik van de drie vaardigheden die je vandaag geleerd hebt.
- Drie plezierige activiteiten uit de lijst kiezen en uitproberen.
- Dagelijks zelfzorg toepassen en twee keer per week zelfkalmering toepassen.
- Competentieactiviteit: de jongere dient de gekozen activiteit te oefenen.
- Thuiswerk bijhouden in het activiteitenoverzicht.

TRAPTREDE 9: VAARDIGHEDEN VOOR DUIDELIJKE COMMUNICATIE

5. Aanpassen oplossingsvaardigheden en veiligheidsplan

Bespreek kort met de jongere welke oplossingsvaardigheden zij geleerd heeft tijdens de bijeenkomst. Voeg nieuwe vaardigheden toe aan het veiligheidsplan.

Werkblad Persoonlijke grondrechten

Lees deze grondrechten door.

1. Ik heb het recht om te vragen om wat ik wil.
2. Ik heb het recht om 'nee' te zeggen.
3. Ik heb het recht om mijn gevoelens te voelen en te uiten, zowel de prettige als de nare gevoelens.
4. Ik heb het recht om fouten te maken.
5. Ik heb het recht om mijn eigen ideeën over dingen te hebben.
6. Ik heb het recht om met respect behandeld te worden.
7. Ik heb het recht om van mening te veranderen.
8. Ik heb het recht om het te zeggen als ik de manier waarop iemand met mij omgaat niet prettig vind.
9. Ik heb het recht om te verwachten dat mensen eerlijk te zijn.
10. Ik heb het recht om boos te zijn op iemand die mij lief is
11. Ik heb het recht om 'dat weet ik niet' te zeggen.
12. Ik heb het recht om te vragen om verandering.
13. Ik heb het recht om te vragen om hulp of steun.
14. Ik heb het recht om soms alleen te zijn, zelf als andere mensen bij mij willen zijn.
15. Ik heb het recht om mij niet nader te verklaren aan anderen.
16. Ik heb het recht om geen verantwoordelijkheid te nemen voor andermans gedrag, gevoelens of problemen.
17. Ik heb het recht om niet te hoeven nadenken over wat andere mensen nodig hebben of willen.
18. Ik het recht om me niet altijd zorgen te maken over anderen.
19. Ik heb het recht om er in een bepaalde situatie voor te kiezen om niets te doen.

Thuiswerkblad Zelfobservatie zelfspraak

Beschrijf de komende week twee situaties waarin je van streek was, en focus daarbij op positieve zelfspraak.

Zelfobservatie zelfspraak				
1	2	3	4	5
Beschrijf een situatie.	Hoe voelde je je en hoe heftig was het gevoel (0-10)?	Wat dacht je of zei je tegen jezelf Wat ging er door je hoofd?	Kloppen deze gedachten? Zoek de bewijzen. Hoe weet je dat het waar is? Wat zou een vriendin tegen jou zeggen?	Was je tevreden? Zo nee, welke vaardigheden had je kunnen inzetten Positieve zelfspraak en oplossingsvaardigheden
Ik heb een belangrijke scheikundetoets.	Bezorgd. 8	Ik ga alles vergeten wat ik heb geleerd.	Je haalt altijd voldoendes met scheikunde.	Ik was niet tevreden. Ik had me kunnen herinneren dat ik eerder een toets goed had gemaakt terwijl ik zenuwachtig was.
–	–	–	–	–
–	–	–	–	–

TRAPTREDE 9: VAARDIGHEDEN VOOR DUIDELIJKE COMMUNICATIE 73

Thuiswerkblad Duidelijke communicatie

Lees alle situaties hieronder goed door, en schrijf in één zin op hoe je zou kunnen reageren met behulp van duidelijke communicatie.

1. Je had afgesproken om met een vriendin naar de bioscoop te gaan. Ze heeft je net verteld dat ze niet wil gaan, omdat ze al met iemand anders heeft afgesproken.
   Wat zou je kunnen zeggen?

   _____
   _____
   _____

2. Een jongen die je leuk vindt, heeft net tegen je gezegd dat hij je kleding mooi vindt en heeft aangeboden om je boeken voor je te dragen. Wat zou je kunnen zeggen?

   _____
   _____
   _____

3. Een meisje van school zegt gemene dingen over een vriendin waarmee jij al goed bevriend bent sinds groep drie. Wat zou je kunnen zeggen?

   _____
   _____
   _____

4. Je loopt na school naar het huis van een vriendin. Ze is plannen aan het maken voor een feestje dat ze dit weekend wil geven.

   _____
   _____
   _____

5. Zij vraagt aan jou om de uitnodigingen te maken, haar huis te versieren en al het eten te kopen. Wat zou je kunnen zeggen?

   _____
   _____
   _____

Activiteitenoverzicht

Vul in welke activiteiten je deze week hebt ondernomen.

activiteit	frequentie	ma	di	wo	do	vr	za	zo
thuiswerkblad 'Zelfobservatie zelfspraak'	2 keer per week	ja/nee	ja/nee	ja/nee	ja/nee	ja/nee	ja/nee	ja/nee
thuiswerkblad 'Duidelijke communicatie'	1 keer	ja/nee	ja/nee	ja/nee	ja/nee	ja/nee	ja/nee	ja/nee
plezierige activiteiten	3 keer per week	ja/nee	ja/nee	ja/nee	ja/nee	ja/nee	ja/nee	ja/nee
zelfkalmering	2 keer per week	ja/nee	ja/nee	ja/nee	ja/nee	ja/nee	ja/nee	ja/nee
zelfzorgactiviteit .... (vul in)	elke dag	ja/nee	ja/nee	ja/nee	ja/nee	ja/nee	ja/nee	ja/nee
competentieactiviteit .... (vul in)	1 keer per week	ja/nee	ja/nee	ja/nee	ja/nee	ja/nee	ja/nee	ja/nee

Veiligheidsplan

fase	waarschuwings-signalen: Wat voel je? Wat denk je? Wat doe je?	Wat helpt niet?	oplossingsvaardigheden: Wat helpt op het gebied van denken en doen?	Wat kunnen anderen doen?
groen				
oranje				
rood				

Actie in geval van nood:

Belangrijke telefoonnummers:

Telefoonnummer therapeut:

Traptrede 10:
Inleiding tot rollenspellen:
Emotie versus gedrag

Benodigdheden

- ☐ vragenlijsten ten behoeve van de effectmeting
- ☐ een gespreksruimte met een tafel en voldoende zitplaatsen
- ☐ een whiteboard en stiften
- ☐ pen en papier

Rationale

▶ Uitbreiden van interpersoonlijke vaardigheden en integratie van de reeds geleerde vaardigheden, door het doen van rollenspelen

Programma

1. Invullen vragenlijsten
2. Thuiswerkopdracht nabespreken
3. Rollenspelen
4. Thuiswerkopdracht voorbespreken
5. Aanpassen oplossingsvaardigheden en veiligheidsplan

1. Invullen vragenlijsten

In het kader van het meten van de effectiviteit van de behandeling wordt aangeraden om bij het begin van iedere bijeenkomst een vragenlijst af te nemen om de voortgang van de behandeling op systematische wijze te meten en evalueren.

2. Thuiswerkopdracht nabespreken

Bespreek samen met de jongere de thuiswerkopdracht van afgelopen week.
- Bespreek het twee keer ingevulde thuiswerkblad 'Zelfobservatie zelfspraak'.
- Bespreek het thuiswerkblad 'Duidelijke communicatie'.
- Vraag of de jongere nog vragen heeft betreffende de lijst van persoonlijke grondrechten.
- Bespreek de drie plezierige activiteiten die ondernomen zijn door de jongere.
- Bespreek het activiteitenoverzicht en check daarbij of de jongere dagelijks zelfzorg en twee keer zelfkalmering heeft toegepast en één keer de gekozen competentieactiviteit heeft uitgevoerd.
- Bespreek eventuele praktische moeilijkheden of misverstanden betreffende de thuiswerkopdracht.

3. Rollenspelen

Bespreek/lees met de jongere

Zo meteen gaan we een aantal rollenspelen doen. We gaan oefenen met manieren van reageren op verschillende situaties. Hierbij mag je alle vaardigheden toepassen die je in eerdere bijeenkomsten geleerd hebt. Het doel is om na te denken over verschillende manieren van reageren en om hiermee te oefenen. Door een rollenspel kun je ervaren hoe jouw gedrag je helpt of juist in de weg staat om in die situatie te krijgen wat je wilt. Mogelijk zal een rollenspel wat onwennig aanvoelen, maar we gaan het samen oefenen, en ik zal je helpen.

In deze bijeenkomst wordt geoefend met twee situaties: één wat eenvoudigere situatie en één moeilijke situatie. Het rollenspel is steeds op dezelfde manier opgebouwd.

De jongere speelt zichzelf en de therapeut de ander. Om ervoor te zorgen dat de therapeut op een realistische en behulpzame manier kan reageren tijdens het rollenspel, dient de jongere gevraagd te worden naar specifieke achtergrondinformatie. De jongere vult kolom 1 tot en met 6 in van het werkblad 'Omgaan met anderen' in. Dit rollenspel geeft de therapeut de gelegenheid om te zien hoe de jongere met de situatie is omgegaan. Geef de jongere positieve feedback voor effectief gedrag en erken de moeilijke situatie. Bespreek vervolgens met de jongere wat ze zou willen oefenen. Na de, voornamelijk positieve, feedback door de therapeut worden de rollen gewisseld; **de therapeut speelt de jongere en de jongere de ander.** Dit is een ideale gelegenheid voor de therapeut om gewenst gedrag aan de jongere voor te doen. Vraag als het rollenspel is afgerond aan de jongere hoe de uitwisseling klonk en of zij zich zou kunnen voorstellen dat zij zulke taal of zulk gedrag echt zou kunnen uitvoeren. Het helpt ook als de therapeut erkent hoe lastig het kan zijn om in bepaalde situaties te handelen, vooral wanneer je van streek bent (bijv. *'Ik snap echt dat je behoorlijk verdrietig wordt als een klasgenoot dat tegen je zegt.'*).
Tot slot, dienen **de therapeut en de jongere de rollen weer te verwisselen**, zodat de jongere zichzelf nog een keer kan spelen. Tijdens dit rollenspel wordt de jongere aangemoedigd om zich op een andere manier te gedragen. Naderhand dient de therapeut de jongere te vragen om te beschrijven hoe dit rollenspel voelde in vergelijking met de eerste keer. Mogelijk merkt de jongere enkele verschillen op. De situatie kan steeds opnieuw worden geoefend, totdat de jongere er vertrouwen in heeft dat ze met de nare situatie kan omgaan. De jongere vult kolom 7 van het werkblad 'Omgaan met anderen' in.

Situatie 1, 'eenvoudig'. Bedenk een alledaagse situatie die niet bijzonder vervelend is voor de jongere om te oefenen in een rollenspel. Voorbeelden zijn: de weg vragen aan een buschauffeur, een leraar vragen om meer tijd voor een project, of een winkelbediende om hulp vragen bij het doen van een aankoop. Doorloop de drie hierboven beschreven stappen met de jongere.

Situatie 2, 'moeilijk'. Vraag de jongere om een moeilijke situatie te bedenken waarbij een andere persoon betrokken is. Idealiter is dit een situatie die enigszins vervelend is, maar niet overspoelend. Doorloop de drie hierboven beschreven stappen met de jongere.

Do's-and-don'ts

▶ Het is belangrijk dat de therapeut aandacht besteed aan gedrag van de jongere dat bijzonder effectief is en haar daarvoor complimenteert.
▶ Nadat het rollenspel is afgerond, kan de therapeut observaties met de jongere delen, feedback geven en suggesties doen om de communicatie en de resultaten te verbeteren.
▶ Bij het geven van feedback is het belangrijk dat de jongere zich niet bekritiseerd of onbegrepen voelt. Het is cruciaal om naast eventuele zwakkere punten, de sterke punten met betrekking tot de communicatiestijl van de jongere te benoemen (bijvoorbeeld: 'Toen je je gevoelens over x beschreef, was je erg duidelijk.')
▶ Bij het bespreken van problemen of knelpunten dient de therapeut aan de orde te stellen hoe de andere persoon zich zou kunnen hebben gevoeld of gedragen (bijvoorbeeld: 'Iemand in deze situatie zou zich gekwetst kunnen voelen door jouw opmerking dat het je niet echt uitmaakt wat zij denkt.'). Het is van belang dat de therapeut niet zijn of haar eigen visie op de situatie deelt.
▶ De meeste jongeren hebben profijt van algemene tips over communicatie: hoe je gevoelens kunt delen zonder de andere persoon van streek te maken of verstrikt te raken in bijzaken. Het is bijvoorbeeld belangrijk om te benadrukken dat iemands gevoelens niet 'fout' kunnen zijn en dat jongeren hun eigen gevoelens of verlangens niet moeten bagatelliseren. Veel jongeren zijn bijvoorbeeld overdreven verontschuldigend of beginnen hun zinnen met uitspraken als: 'Ik weet dat het klinkt alsof ik overdrijf, maar ...', of 'Ik wil niet kieskeurig zijn, maar ...'
▶ Koppel, indien dat kan, het gedrag of gevoel van de jongere aan haar leergeschiedenis.

4. Thuiswerkopdracht voorbespreken

- Thuiswerkblad 'Zelfobservatie emoties' twee keer per week invullen, over een situatie die je hebt meegemaakt waarbij anderen betrokken waren.
- Oefenen met verschillende benaderingen van lastige situaties. Laat de jongere het thuiswerkblad 'Omgaan met anderen' gebruiken om twee situaties te beschrijven.
- Drie plezierige activiteiten uit de lijst kiezen en uitproberen.
- Dagelijks zelfzorg toepassen en twee keer per week zelfkalmering toepassen.
- Competentieactiviteit: de jongere dient de gekozen activiteit te oefenen.
- Thuiswerk bijhouden in het activiteitenoverzicht.

5. Aanpassen oplossingsvaardigheden en veiligheidsplan

Bespreek kort met de jongere welke oplossingsvaardigheden zij geleerd heeft tijdens de bijeenkomst. Voeg nieuwe vaardigheden toe aan het veiligheidsplan.

Werkblad Omgaan met anderen
Beschrijf een situatie, in de omgang met anderen.

Omgaan met anderen						
1	2	3	4	5	6	7
Beschrijf een situatie *Wat gebeurde er? Wie waren erbij? Waar was je?*	Hoe voelde je je en hoe heftig was het gevoel (0-10)?	Wat zei je of deed je?	Hoe reageerde de ander?	Hoe voelde je je daarna?	Wat waren de gevolgen van jouw gedrag? Heb je je doel bereikt?	Had je iets anders willen doen? En zo ja, wat dan?
–	–	–	–	–	–	–
–	–	–	–	–	–	–

TRAPTREDE 10: INLEIDING TOT ROLLENSPELLEN: EMOTIE VERSUS GEDRAG

Thuiswerkblad Zelfobservatie emoties

Vul deze zelfobservatie in, met de focus op een situatie waarbij anderen betrokken waren.

Zelfobservatie emoties				
Beschrijf een situatie.	Hoe voelde je je?	Hoe hevig was dat gevoel? Niet zo erg, een beetje, erg hevig: 0-10	Wat dacht je? Wat ging er door je hoofd?	Hoe ging je ermee om? Wat deed je?
Mijn moeder gaf me op mijn kop, omdat ik mijn kamer niet had opgeruimd.	geërgerd	een beetje (5)	Ik wou dat ze me met rust liet. Ze is zo bazig!	Ik ging naar mijn kamer en zette de radio aan.
–	–	–	–	–
–	–	–	–	–

Thuiswerkblad Omgaan met anderen

Oefen met verschillende benaderingen van lastige situaties en beschrijf twee moeilijke situaties.

Omgaan met anderen						
1	2	3	4	5	6	7
Beschrijf een situatie die niet is gelopen zoals je had gehoopt. *Wat gebeurde er? Wie waren erbij? Waar was je?*	Hoe voelde je je en hoe heftig was het gevoel (0-10)?	Wat zei je of deed je?	Hoe reageerde de ander?	Hoe voelde je je daarna?	Wat waren de gevolgen van jouw gedrag? Heb je je doel bereikt?	Had je iets anders willen doen? En zo ja, wat dan?
–	–	–	–	–	–	–
–	–	–	–	–	–	–

TRAPTREDE 10: INLEIDING TOT ROLLENSPELLEN: EMOTIE VERSUS GEDRAG

Activiteitenoverzicht

Vul in welke activiteiten je deze week hebt ondernomen.

activiteit	frequentie	ma	di	wo	do	vr	za	zo
thuiswerkblad 'Zelf-observatie emoties'	2 keer per week	ja/nee	ja/nee	ja/nee	ja/nee	ja/nee	ja/nee	ja/nee
thuiswerkblad 'Omgaan met anderen'	2 keer per week	ja/nee	ja/nee	ja/nee	ja/nee	ja/nee	ja/nee	ja/nee
plezierige activiteiten	3 keer per week	ja/nee	ja/nee	ja/nee	ja/nee	ja/nee	ja/nee	ja/nee
zelfkalmering	2 keer per week	ja/nee	ja/nee	ja/nee	ja/nee	ja/nee	ja/nee	ja/nee
zelfzorgactiviteit ………………… (vul in)	elke dag	ja/nee	ja/nee	ja/nee	ja/nee	ja/nee	ja/nee	ja/nee
competentieactiviteit ………………… (vul in)	1 keer per week	ja/nee	ja/nee	ja/nee	ja/nee	ja/nee	ja/nee	ja/nee

Veiligheidsplan

fase	waarschuwings-signalen: Wat voel je? Wat denk je? Wat doe je?	Wat helpt niet?	oplossingsvaardigheden: Wat helpt op het gebied van denken en doen?	Wat kunnen anderen doen?
groen				
oranje				
rood				

Actie in geval van nood:

Belangrijke telefoonnummers:

Telefoonnummer therapeut:

Traptrede 11: Rollenspel met aandacht voor assertiviteit

Benodigdheden

☐ vragenlijsten ten behoeve van de effectmeting
☐ een gespreksruimte met een tafel en voldoende zitplaatsen
☐ een whiteboard en stiften
☐ pen en papier

Rationale

▶ Psycho-educatie over assertiviteit
▶ Uitbreiden van interpersoonlijke vaardigheden door te leren assertief te reageren

Programma

1. Invullen vragenlijsten
2. Thuiswerkopdracht nabespreken
3. Psycho-educatie over assertiviteit
4. Rollenspel assertiviteit
5. Thuiswerkopdracht voorbespreken
6. Aanpassen oplossingsvaardigheden en veiligheidsplan

1. Invullen vragenlijsten

In het kader van het meten van de effectiviteit van de behandeling wordt aangeraden om bij het begin van iedere bijeenkomst een vragenlijst af te nemen om de voortgang van de behandeling op systematische wijze te meten en evalueren.

2. Thuiswerkopdracht nabespreken

Bespreek samen met de jongere de thuiswerkopdracht van afgelopen week.
- Bespreek het twee keer ingevulde thuiswerkblad 'Zelfobservatie emoties'.
- Bespreek met de jongere het thuiswerkblad 'Omgaan met anderen'.
- Bespreek de drie plezierige activiteiten die ondernomen zijn door de jongere.
- Bespreek het activiteitenoverzicht en check daarbij of de jongere dagelijks zelfzorg en twee keer zelfkalmering heeft toegepast en één keer de gekozen competentieactiviteit heeft uitgevoerd.
- Bespreek eventuele praktische moeilijkheden of misverstanden betreffende de thuiswerkopdracht.

3. Psycho-educatie over assertiviteit

Bespreek/lees met de jongere

Vandaag gaan we het hebben over assertiviteit. Eerst zal ik iets uitleggen, daarna zullen we een rollenspel spelen om ermee te oefenen. Maar voordat we dat gaan doen: waar denk jij aan bij assertiviteit?

Er zijn drie manieren van reageren in het omgaan met anderen.
- De eerste is **subassertief gedrag**. Bij subassertief gedrag negeer je je eigen rechten en wensen, en deel je deze niet met de ander. Je komt dus niet voor jezelf op en laat als het ware over je heen lopen. Dit kan ervoor zorgen dat je je gespannen, verdrietig en/of boos voelt.
- De tweede is **agressief gedrag**. Bij agressief gedrag uit je je wensen op een onbeleefde manier, door je bijvoorbeeld vijandig op te stellen of dingen af te dwingen en/of op te eisen. Dit kan ervoor zorgen dat je je boos, bang of schuldig voelt.
- **Assertief** zijn betekent dat je op een duidelijke, respectvolle manier voor jezelf opkomt én dat je laat weten wat je behoeften of wensen zijn. Bij assertief gedrag kom je op een duidelijke en nette manier op voor je rechten, terwijl je ook rekening houdt met de rechten van de ander. Assertiviteit vergroot de kans dat je krijgt wat je wilt en dat anderen respectvol met je om zullen gaan. Ook zul je je door een assertieve manier van reageren zelfverzekerder voelen.

Dat betekent niet dat alle reacties die je krijgt positief zullen zijn, anderen kunnen nog steeds negatief reageren.

Vertel eens, op welke manier pak jij het meestal aan? Is die manier effectief? Wat denk je dat assertiviteit jou zou kunnen opleveren?

Help de jongere om typische problemen te identificeren die te maken hebben met assertiviteit. Op dit punt in de behandeling heeft de therapeut waarschijnlijk al een indruk van het soort problemen dat de jongere heeft met assertief-zijn: zij is te veel assertief (agressief) of te weinig assertief, of allebei. Bespreek de eerdere ervaringen van de jongere met assertief gedrag.

Do's-and-don'ts
▶ Het doel van dit gesprek is voor de therapeut en de jongere om duidelijke voorbeelden te hebben van gedachten, gevoelens en gedrag met betrekking tot assertiviteit en controle zoals die voor de jongere gebruikelijk zijn. Deze voorbeelden kunnen ook informatie opleveren die in de rollenspelen kunnen worden gebruikt.
▶ Het leggen van een verband tussen moeite met assertiviteit en vroegkinderlijke ervaringen zal helpen om de jongere zich minder schuldig te laten voelen over problemen die zij eventueel heeft met haar gedachten of gedrag.

4. Rollenspel assertiviteit

Voer een rollenspel uit waarin een lastige situatie wordt nagespeeld betreffende assertiviteit. Vul hiervoor het werkblad 'Omgaan met anderen' in. Houd bij het spelen van het rollenspel de drie stappen aan, uit bijeenkomst 10.

5. Thuiswerkopdracht voorbespreken

- Thuiswerkblad 'Zelfobservatie emoties' twee keer per week invullen over een situatie die de jongere heeft meegemaakt waarbij anderen betrokken waren.
- Oefenen van effectief, assertief gedrag. Laat de jongere mogelijke activiteiten of interacties bedenken die in de komende week om assertief gedrag zouden kunnen vragen. Thuiswerkblad 'Omgaan met anderen' twee keer per week invullen.
- Drie plezierige activiteiten uit de lijst kiezen en uitproberen.
- Dagelijks zelfzorg toepassen en twee keer per week zelfkalmering toepassen.
- Competentieactiviteit: de jongere dient de gekozen activiteit te oefenen.
- Thuiswerk bijhouden in het activiteitenoverzicht.

6. Aanpassen oplossingsvaardigheden en veiligheidsplan

Bespreek kort met de jongere welke oplossingsvaardigheden zij geleerd heeft tijdens de bijeenkomst. Voeg nieuwe vaardigheden toe aan het veiligheidsplan.

Werkblad Omgaan met anderen

Vul dit werkblad in met de focus op assertiviteit in de omgang met anderen.

Omgaan met anderen						
1	2	3	4	5	6	7
Beschrijf een situatie *Wat gebeurde er? Wie waren erbij? Waar was je?*	Hoe voelde je je en hoe heftig was het gevoel (0-10)?	Wat zei je of deed je?	Hoe reageerde de ander?	Hoe voelde je je daarna?	Wat waren de gevolgen van jouw gedrag? Heb je je doel bereikt?	Had je iets anders willen doen? En zo ja, wat dan?
–	–	–	–	–	–	–
–	–	–	–	–	–	–

TRAPTREDE 11: ROLLENSPEL MET AANDACHT VOOR ASSERTIVITEIT

Thuiswerkblad Zelfobservatie emoties

Vul deze zelfobservatie in, met de focus op een situatie waarbij anderen betrokken waren.

Zelfobservatie emoties				
Beschrijf een situatie.	Hoe voelde je je?	Hoe hevig was dat gevoel? Niet zo erg, een beetje, erg hevig: 0-10	Wat dacht je? Wat ging er door je hoofd?	Hoe ging je ermee om? Wat deed je?
Mijn moeder gaf me op mijn kop, omdat ik mijn kamer niet had opgeruimd.	geërgerd	een beetje (5)	Ik wou dat ze me met rust liet. Ze is zo bazig!	Ik ging naar mijn kamer en zette de radio aan.
-	-	-	-	-
-	-	-	-	-

Thuiswerkblad Omgaan met anderen
Oefen met effectief en assertief gedrag en beschrijf twee situaties

Omgaan met anderen						
1	2	3	4	5	6	7
Beschrijf een situatie die niet is gelopen zoals je had gehoopt. *Wat gebeurde er? Wie waren erbij? Waar was je?*	Hoe voelde je je en hoe heftig was het gevoel (0-10)?	Wat zei je of deed je?	Hoe reageerde de ander?	Hoe voelde je je daarna?	Wat waren de gevolgen van jouw gedrag? Heb je je doel bereikt?	Had je iets anders willen doen? En zo ja, wat dan?
–	–	–	–	–	–	–
–	–	–	–	–	–	–

Werkblad Lijst plezierige activiteiten

Vink aan welke plezierige activiteiten je zou kunnen uitproberen en voeg zelf activiteiten toe:

☐ koffiedrinken	☐ debatteren
☐ uit eten gaan	☐ je kamer veranderen
☐ tennissen	☐ bedenken dat je iemand bent die zich kan redden
☐ zoenen	
☐ naar het theater gaan of een concert bijwonen	☐ iets nieuws doen
☐ dagdromen	☐ in de zon zitten
☐ plannen maken voor opleiding	☐ naar een feest gaan
☐ televisiekijken	☐ in de tuin werken
☐ fietstocht maken	☐ zingen
☐ cadeaus kopen	☐ eten koken
☐ in het bos wandelen	☐ boomhut maken
☐ skaten	☐ een kaart schrijven
☐ basketballen	☐ joggen
☐ iets afmaken	☐ naar de film gaan
☐ naar een evenement kijken	☐ bij je vriend/vriendin zijn
☐ fotograferen	☐ zwemmen
☐ grasmaaien	☐ iets lekkers eten
☐ aan plezierige dingen denken	☐ in bad gaan
☐ schoonmaken	☐ sieraden maken
☐ dansen	☐ lunchen
☐ in je dagboek schrijven	☐ afspreken met een vriend(in)
☐ volleyballen	☐ schilderen
☐ kaarten	☐ naar het museum gaan
☐ hond uitlaten	☐ gamen
☐ raadsels oplossen	☐ series kijken
☐ foto's bekijken of laten zien	☐ voetballen
☐ poolen	☐ longboarden
☐ jezelf mooi aankleden, er goed uitzien	☐ met huisdier knuffelen
☐ leuke dingen voor jezelf kopen	☐ oppassen op kinderen
☐ telefoongesprek voeren	☐ theedrinken
☐ kaarsen aansteken	☐ opruimen
☐ freerunnen	☐ hardlopen
☐ naar de radio luisteren	☐ een cake of taart bakken
☐ je laten masseren	☐ kleding passen
☐ denken over je goede eigenschappen	☐ nagels lakken
☐ naar de sauna gaan	☐ douchen
☐ een boek of tijdschrift kopen	☐ appen met een vriend(in)
☐ breien of haken	☐ vakantieplannen maken
☐ van school naar huis gaan	☐ puzzelen
☐ softbal spelen	☐ ....
☐ bowlen	☐ ....
☐ fantaseren over de toekomst	☐ ....
☐ op een terras zitten	☐ ....

Activiteitenoverzicht

Vul in welke activiteiten je deze week hebt ondernomen.

activiteit	frequentie	ma	di	wo	do	vr	za	zo
thuiswerkblad 'Zelf-observatie emoties'	2 keer per week	ja/nee	ja/nee	ja/nee	ja/nee	ja/nee	ja/nee	ja/nee
thuiswerkblad 'Omgaan met anderen'	2 keer per week	ja/nee	ja/nee	ja/nee	ja/nee	ja/nee	ja/nee	ja/nee
plezierige activiteiten	3 keer per week	ja/nee	ja/nee	ja/nee	ja/nee	ja/nee	ja/nee	ja/nee
zelfkalmering	2 keer per week	ja/nee	ja/nee	ja/nee	ja/nee	ja/nee	ja/nee	ja/nee
zelfzorgactiviteit .... (vul in)	elke dag	ja/nee	ja/nee	ja/nee	ja/nee	ja/nee	ja/nee	ja/nee
competentieactiviteit .... (vul in)	1 keer per week	ja/nee	ja/nee	ja/nee	ja/nee	ja/nee	ja/nee	ja/nee

Veiligheidsplan

fase	waarschuwings-signalen: Wat voel je? Wat denk je? Wat doe je?	Wat helpt niet?	oplossingsvaardigheden: Wat helpt op het gebied van denken en doen?	Wat kunnen anderen doen?
groen				
oranje				
rood				

Actie in geval van nood:

Belangrijke telefoonnummers:

Telefoonnummer therapeut:

Traptrede 12: Evalutatie en afronding

Benodigdheden

☐ vragenlijsten ten behoeve van de effectmeting
☐ een gespreksruimte met een tafel en voldoende zitplaatsen
☐ een whiteboard en stiften
☐ pen en papier
☐ certificaat

Rationale

▶ Evalueren van de behandeling
▶ Eventueel voorbereiden van de jongere op de volgende behandelfase

Programma

1. Invullen vragenlijsten
2. Thuiswerkopdracht nabespreken
3. Laatste bijeenkomst en vorderingen
4. Evaluatie persoonlijke doelen
5. Resterende en nieuwe doelen
6. Overgang naar de volgende behandelfase
7. Certificaat
8. Aanpassen oplossingsvaardigheden en veiligheidsplan

1. Invullen vragenlijsten

In het kader van het meten van de effectiviteit van de behandeling wordt aangeraden om bij het begin van iedere bijeenkomst een vragenlijst af te nemen om de voortgang van de behandeling op systematische wijze te meten en evalueren.

2. Thuiswerkopdracht nabespreken

Bespreek samen met de jongere de thuiswerkopdracht van afgelopen week.
- Bespreek het twee keer ingevulde thuiswerkblad 'Zelfobservatie emoties'.
- Bespreek met de jongere het thuiswerkblad 'Omgaan met anderen'.
- Bespreek de drie plezierige activiteiten die ondernomen zijn door de jongere.
- Bespreek het activiteitenoverzicht en check daarbij of de jongere dagelijks zelfzorg en twee keer zelfkalmering heeft toegepast en één keer de gekozen competentieactiviteit heeft uitgevoerd.
- Bespreek eventuele praktische moeilijkheden of misverstanden betreffende de thuiswerkopdracht.

3. Laatste bijeenkomst en vorderingen

Besteed aandacht aan het feit dat deze zitting het einde van TRAP betekent. Bespreek met de jongere welke vaardigheden de jongere geleerd heeft op het gebied van omgaan met emoties, met lastige situaties en het omgaan met anderen. Neem het veiligheidsplan door. Laat de jongere verwoorden wat zij vindt dat ze geleerd heeft en wat dit betekent voor haar als persoon. Complimenteer de jongere met de vorderingen en de inzet die zij heeft getoond tijdens de training. Benoem de vorderingen die je ziet als therapeut op het gebied van emotieregulatie en interpersoonlijke vaardigheden.

4. Evaluatie persoonlijke doelen

Bespreek de vorderingen van de jongere met betrekking tot de persoonlijke doelen. Herinner de jongere eraan waar zij begon en waar zij nu is. Bespreek eventuele problemen of belemmeringen in de voortgang. Complimenteer positief gedrag. Maak samen een plan voor de verdere voortgang betreffende haar persoonlijke doelen.

5. Resterende en nieuwe doelen

Bespreek met de jongere welke persoonlijke doelen zij wil blijven nastreven nadat TRAP afgelopen is.

> **Do's-and-don'ts**
> ▶ *De therapeut kan suggesties geven voor oefeningen die de jongere kan blijven doen.*
> ▶ *De therapeut kan suggesties geven over het gebruik van oplossingsvaardigheden voor toekomstige situaties. De therapeut kan bijvoorbeeld zeggen: 'Je hebt heel hard gewerkt om te leren hoe je je behoeften op een assertieve manier kunt delen met je vriendje. Je kunt verder blijven werken aan dit doel door nieuwe vaardigheden te oefenen in situaties met andere mensen, zoals je klasgenoten op school.'*

6. Overgang naar de volgende behandelfase

Reageer op eventuele vragen en zorgen die de jongere wellicht heeft over de vervolgstappen van haar behandeling. Leg aan de jongere uit dat zij in de eventuele volgende behandelfase altijd terug kan grijpen op onderwerpen en vaardigheden die tijdens TRAP geleerd zijn.

7. Certificaat

De therapeut dient een certificaat aan de jongere te overhandigen als beloning voor het harde werken en de enorme vorderingen die ze heeft gemaakt

8. Aanpassen oplossingsvaardigheden en veiligheidsplan.

Bespreek kort met de jongere welke oplossingsvaardigheden zij geleerd heeft tijdens de bijeenkomst. Voeg nieuwe vaardigheden toe aan het veiligheidsplan.

Literatuur

Alink, L.R.A., IJzendoorn, M.H. van, Bakermans-Kranenburg, M.J., Pannebakker, F., Vogels, T., & Euser, S. (2011). *Kindermishandeling in Nederland anno 2010. De Tweede Nationale Prevalentiestudie Mishandeling van Kinderen en Jeugdigen (NPM-2010)*. Leiden: Casimir Publishers.

Bernstein, D.P., Fink, L. (1998). *Childhood trauma questionnaire: a retrospective self-report: Manual*. San Antonio: Pearson, Psychological Corporation.

Children and War Foundation (1998). *The children's revised impact of event scale (13): CRIES-13*. Geraadpleegd op 2 juni 2008 op http://www.childrenandwar.org/wp-content/uploads/2010/04/cries_13_UK.doc.

Cloitre, M., Courtois, C.A., Ford, J.D., e.a. (2012). *The ISTSS Expert Consensus Treatment Guidelines for Complex PTSD in Adults*.

Cloitre, M., Farina, L., Davis, L., Levitt, J., & G dino, O.G. (2014). *Skills training in affective and interpersonal regulation for adolescents – revised version* (Unpublished manual). Palo Alto: National Center for PTSD.

Roos, C. de, Greenwald, R., Hollander-Gijsman, M. den, Noorthoorn, E., Buuren, S. van, & Jongh, A. de (2011). A randomised comparison of cognitive behavioural therapy (CBT) and eye movement desensitisation and reprocessing (EMDR) in disaster exposed children. *European Journal of Psychotraumatology*, 2, 5694, DOI: 10.3402.

Roos, C. de, Oord, S. van der, Zijlstra, B., Lucassen, S., Perrin, S., Emmelkamp, P., Jongh, A. de (2017). Comparison of EMDR therapy, and waitlist in pediatric PTSD following single-incident trauma: a multi-center randomized clinical trial'. *Journal of Child Psychology and Psychiatry*, June 29th 2017, DOI: 0.1111/jcpp.12768.

Diehle, J., Roos, C. de, Boer, F., & Lindauer, R.J. (2013). A cross-cultural validation of the Clinician Administered PTSD Scale for Children and Adolescents in a Dutch population. *European Journal of Psychotraumatology*, 2.

Diehle, J., Opmeer, B.C., Boer, F., Mannarino, A.P., & Lindauer, R.J.L. (2014). Trauma-focused cognitive behavioral therapy or eye movement desensitization and reprocessing: what works in children with posttraumatic stress symptoms? A randomized controlled trial. *European Child & Adolescent Psychiatry*, 24(2), 227–236.

Dube, S.R., Felitti, V.J., Dong, M., Giles, W.H., & Anda, R.F. (2003). The impact of adverse childhood experiences on health problems: evidence from four birth cohorts dating back to 1900. *Preventive Medicine*, 37(3), 268–277.

Felitti, M.D., Vincent, J., Anda, M.D., e.a. (1998). Relationship of childhood abuse and household dysfunction to many of the leading causes of death in adults: the Adverse Childhood Experiences (ACE) study. *American Journal of Preventive Medicine*, 14(4), 245–258.

Fergusson, D.M., McLeod, G.F., & Horwood, L.J. (2013). Childhood sexual abuse and adult developmental outcomes: findings from a 30-year longitudinal study in New Zealand. *Child Abuse & Neglect*, 37(9), 664–674.

Meijel, E.P.M. van, Verlinden, E., Diehle, J., & Lindauer, R.J.L. (2013). *Clinician-Administered PTSD Scale for Children and Adolescents (CAPSCA). Nederlandse vertaling van de CAPS-CA*. Houten: Bohn Stafleu van Loghum.

Nader, K.O., Kriegler, J.A., Blake, D.D., Pynoos, R.S., Newman, E., Weather, F.W. (1996). *Clinician Administered PTSD Scale, Child and Adolescent Version*. White River Junction: National Center for PTSD.

Olff, M. (2005). *Dutch version of the Children's revised Impact of Event Scale (CRIES-13)*. Geraadpleegd op 19 juli 2017 op http://www.childrenandwar.org.

Porche, M.V., Fortuna, L.R., Lin, J., & Alegria, M. (2011). Childhood trauma and psychiatric disorders as correlates of school dropout in a national sample of young adults. *Child Development*, 82(3), 982–998.

Schnyder, U., Ehlers, A., Elbert, T., Foa, E.B., Gersons, B.P., Resick, P.A., e.a. (2015). Psychotherapies for PTSD: what do they have in common? *European Journal of Psychotraumatology*, 14(6), 28186, Doi:10.3402/ejpt.v6.28186.

Over de auteurs

Kristel Bijen is orthopedagoog en cognitief gedragstherapeut VGCt bij Karakter in Hengelo, Infantcentrum Twente. Zij is werkzaam binnen de zorglijn Autisme Spectrum Stoornissen (ASS) en gespecialiseerd in de diagnostiek en behandeling van (jonge) kinderen met autisme, angststoornissen en trauma.

Rik Knipschild is gz-psycholoog en psychotraumatherapeut NtVP bij Karakter in Almelo. Hij is werkzaam als behandelcoördinator op de psychiatrische crisisafdeling. Naast zijn klinische werkzaamheden is hij promovendus aan de Universiteit van Amsterdam en verbonden aan een aantal onderzoeksprojecten op het gebied van PTSS.

Harmien Koopmans is gz-psycholoog, cognitief gedragstherapeut VGCt en psychotraumatherapeut NtVP bij Karakter in Enschede. Zij is werkzaam binnen de zorglijn Stemming, Angst en Overige Stoornissen en is gespecialiseerd in de diagnostiek en behandeling van jongeren met persoonlijkheidsproblematiek en trauma.

Els Kors is gz-psycholoog bij Karakter in Almelo. Zij is werkzaam binnen de zorglijn Stemming, Angst en Overige Stoornissen en is gespecialiseerd in de diagnostiek en behandeling van jongeren met persoonlijkheidsproblematiek en trauma.

Karien Kroeze is gz-psycholoog bij Karakter in Almelo. Zij is werkzaam binnen de zorglijn Stemming, Angst en Overige Stoornissen en is gespecialiseerd in de diagnostiek en behandeling van jongeren met persoonlijkheidsproblematiek en trauma.

Doenja van Leeuwaarden is gz-psycholoog, cognitief gedragstherapeut VGCt en psychotraumatherapeut NtVP bij Karakter in Zwolle. Zij is werkzaam binnen de zorglijn Stemming, Angst en Overige Stoornissen en is gespecialiseerd in de diagnostiek en behandeling van jongeren met persoonlijkheidsproblematiek, eetstoornissen en trauma.

Omar Gudino, PhD, is werkzaam voor de University of Denver als assistant professor in de psychologie. Naast zijn onderzoekswerkzaamheden op het gebied van trauma- en stressor gerelateerde problemen, werkt hij als geregistreerd psycholoog met kinderen en gezinnen. Hij is samen met Marylene Cloitre ontwikkelaar van de vaardigheidstraining STAIR voor adolescenten. Meer informatie is te vinden op zijn website: https://www.dromargudino.com.

Marylene Cloitre, PhD, is als directeur wetenschappelijk onderzoek verbonden aan het National Center for PTSD (Dissemination and Training Division). Tevens is zij aangesteld als research professor in de (kinder- en jeugd) psychiatrie bij de New York University Langone Medical Center. Marylene is auteur van diverse handboeken en honderden publicaties op het gebied van (complexe) PTSS. Tevens is zij ontwikkelaar van de vaardigheidstraining STAIR volwassenen en adolescenten. Meer informatie over haar is te vinden via: https://med.nyu.edu/faculty/marylene-cloitre.

If you have any concerns about our products,
you can contact us on
ProductSafety@springernature.com

In case Publisher is established outside the EU,
the EU authorized representative is:
**Springer Nature Customer Service Center GmbH
Europaplatz 3, 69115 Heidelberg, Germany**

Printed by Libri Plureos GmbH
in Hamburg, Germany